# Berge

ENTSTEHEN · WACHSEN · VERGEHEN

»Der große Rhythmus der Natur durchdringt alles und der Mensch ist mit Geist und Körper hineinverwoben.« Lama Anagarika Govinda, *Der Weg der weißen Wolken*

für Paul
für Kevin

Kevin Kling
Paul Tapponnier

# BERGE

## ENTSTEHEN · WACHSEN · VERGEHEN

Mit einem Vorwort von Reinhold Messner

Aus dem Französischen von Marianne Glaßer

Frederking & Thaler

# DIE VERTIKALE IN DER HORIZONTALEN WELT

Es ist der fürchterlichste und grauenerregendste Weg, den ich oder ein Mitgliede unserer Gesellschaft je beschritten. Wir mussten eine halbe Meile auf Leitern aufwärts klettern, dann noch eine Meile weiter, aber der Gipfel ist der herrlichste Ort, den man sich denken kann.« Dies schrieb der königliche Söldnerführer Antoine de Ville, nachdem er im Auftrag Karls VIII. von Frankreich das Gipfelplateau des Mont Aiguille erreicht hatte.

Dieser 2097 m hohe Tafelberg, dessen Wände nach allen Seiten senkrecht abfallen, galt als eines der sieben Wunder der Alpen, der Gipfel als unbesteigbar. Im Jahr, als Amerika wieder entdeckt wurde, 1492, gelang die Eroberung trotzdem. Der Mensch hat inzwischen alle Winkel der Erde betreten, zum Glück aber nicht alle für immer besetzt. Ganz oben kann er auf Dauer nicht leben, und ohne Infrastrukturen bleibt das Überleben mühevoll. Genau dort aber ist die Erde am schönsten.

Mit der Neuzeit beginnt auch die Geschichte des Kletterns, der Bewegung in der Vertikalen. Mit der Romantik wird Wildnis zur Landschaft. Zuerst sind es einige wenige wie Caspar David Friedrich, die ein seltsames Gefühl mit Tiefen und Höhen der sich verlierenden Horizonte provozieren. Doch bald gehen mehr Menschen ins Gebirge, dringen in unbegangene Regionen vor, stets höher hinauf. Die Geschichte von Berg und Mensch sollte eine der ständigen Steigerungen werden, wie eine Spirale, immer ausgefallenere Ziele werden mit ständig verfeinerten Techniken erreicht. Plötzlich sehen wir nur noch das Ziel und nicht mehr die Landschaft. Auch nicht das, was sie birgt: in Schichten gespeichert die Entstehung der Erde; in Dünen der Verfall der Gebirge. Die zweihundert Jahre moderner Alpinismus sind auch eine Geschichte zerstörter Mythen. Dass dabei etwa die eine Hälfte der Besessenen, jener Akteure, die Antoine de Ville in die Vertikale folgten und die Klettergeschichte bestimmten, den Tod am Berg fanden, entspricht dem Gesetz der Wahrscheinlichkeit. Das Spiel an der Grenze des Menschenmöglichen muss hoch oben in der Wand todesintensiv sein, solange der Mensch die Schwerkraft nicht aufheben kann.

Ich bin heute weniger von Gipfeln angezogen als von Berglandschaften. So bin ich ein Horizontsüchtiger geworden. Steigspuren, die sich in der Tiefe des Raums verlieren, der Verschnitt mehrerer hintereinander gestaffelter Bergkämme, Verwerfungen in der Vertikalen sind Antworten auf nicht gestellte Fragen. Berge bis zum Himmel gehäuft.

Als Halbwüchsiger faszinierte auch mich nur das Ziel: eine Wand, eine senkrechte Felskante, ein diagonaler Eisgrat. Die Vertikale allein war das Maß der Sehnsucht. Das Klettern am senkrechten Fels drängte bald alle anderen Interessen in den Hintergrund: Familie, Schule, Kameraden im Dorf. Ich las Wege im senkrechten Fels, und die Übersicht von oben gab mir ein Gefühl von Wissen. Im Wechselspiel von Licht und Schatten, von oben und unten, von vertikaler und horizontaler Welt, glaubte ich zu verstehen, warum nicht nichts ist. Aber auch das tagelange Klettern zwischen Himmel und Kar, der Blick zurück ins Tal wurden zum Alltag. Damit richtete sich meine Neugierde über die Alpen hinaus auf die großen Gebirge der Erde und die Menschen, die dort siedeln. Ihre verwehenden Spuren sind, den verwitternden Gebirgen gleich, wie Fragen hineingestreut in die entlegensten Schluchten. Diese Täler sind Fallen für die Zeit. Hier ist Entschleunigung möglich. Tief drinnen in diesen Gebirgen ist das erdgeschichtliche Geschehen zu spüren, unser Sein nachhaltiger wahrzunehmen als in verbauten Regionen. Dieses erdgeschichtliche Zeitmaß macht uns auch zu aufmerksamen Wanderern, die das langsame Wirken der Erde respektvoll bewundern.

Für mich war Bergsteigen immer Selbstzweck, und jeder Eroberungsgedanke ist mir suspekt. Auch bin ich kein Forscher. Mich begeistern Landschaften und ihre Ziellosigkeit. Ihre Ausstrahlung hat zu tun mit dem Entstehen und Vergehen – auch vor der Menschenzeit. Als der Yogi Milarepa vor bald tausend Jahren den Gipfel des Kailash erreicht hatte, auf den Sonnenstrahlen reitend, wie uns eine Legende überliefert, galt es nicht, den Gipfel des heiligsten aller Berge zu besetzen. Milarepa hatte den Berg nur berührt, ihm aber alle Geheimnisse gelassen. Inzwischen hat sogar die Senkrechte ihre Faszination verloren, nur zwischen der Horizontalen und der Vertikalen bleibt in unverbauten Gebirgswinkeln eine Spannung versteckt, die Schrecken und Euphorie gleichzeitig in mir auslöst. Vor fünfzig Jahren wusste ich nicht, dass jedes erreichte Ziel gleichzeitig ein zerstörter Traum ist. Wie die aufgefalteten Gebirge die Verwitterung mit einschließen. Das Schweigen über die Ängste und Selbstzweifel, die erst durch die Entsprechung der Landschaft draußen mit unserer Seele aufgeworfen werden, haben mit dieser Auflösung zu tun. Am Ende verschwindet alles. Sogar die Gebirge. Die Jagd nach Steigerung hat die Kletterer längst wieder eingeholt. Nur jetzt sind es keine Mythen mehr, die wir zerstören, sondern Rekorde, die wir brechen. Die Weltmeisterschaft im Klettern findet heute in der Halle statt, wo es Landschaften nicht gibt. Klettern ist reiner Sport, und das Abenteuer in der Wildnis wird als Überlebenscamp live gezeigt. Im Fernsehen. In der Horizontalen, in der Vertikalen, in einer sterilen Welt. Dabei ist die Berglandschaft, wie sie in diesem Buch dargestellt ist, uns allen zugänglich. Immer noch.

Zumindest zeitweise sind dort draußen, jenseits unseres Gartenzauns, alle Widersprüche aufgehoben. Wie bei Milarepa, dem verrückten Weisen, der uns in seinen *Hunderttausend Gesängen* rät: »Jagt der Existenzkreislauf dir Angst und Schrecken ein, brauchst du nur die acht weltlichen Interessen aufzugeben. Lass uns, Bruder und Schwester, zu den Schneehöhen der Berge ziehen!«

**REINHOLD MESSNER**

# MIT DEN AUGEN DES GEOLOGEN

Nein, die Berge stehen nicht fest gegründet und existieren ewig, wie es der Geograf dem kleinen Prinzen einreden wollte. Sie sind keineswegs unveränderliche Bezugspunkte, sondern entstehen, wachsen und fallen dem Lauf der Zeit anheim ebenso wie die Lebewesen. Die Erde ist es, die sie in immer wiederkehrenden Zyklen erschafft. Da gibt es junge und alte Gebirge, steile und abgerundete, verschiedene Arten und Typen, wie in der Welt des Lebendigen. Man kann sogar von »echten«, tektonisch entstandenen, und »unechten«, vulkanischen Gebirgen sprechen. Ihre Besonderheit – und ihre Schönheit – gewinnen sie dadurch, dass sie der Landschaft die vertikale Dimension verleihen. Die Dynamik der Gebirge ist für denjenigen wahrnehmbar, der sie mit anderen Augen als denen des Wanderers oder Kletterers betrachtet. Mit dem Blick des Geologen.

Wie sind sie entstanden? Wie lange hat das gedauert? Wie werden sie enden? Um zu verstehen, muss man zuerst seinen Blick schulen, einige der Werkstätten der Natur bewundern, die die Erde uns bietet. Lernen, eine ihrer großartigsten Schöpfungen zu entschlüsseln: die Landschaften, die sie unermüdlich formt. Man muss den Planeten der Gebirge durchwandern. Den Himalaja und das Hochland von Tibet, die über tausende von Kilometern ihre jungen Gebirgszüge erheben. Den Pamir, den Tian Shan und den Altai, weniger bekannte Bergketten Zentralasiens, die noch in den Kinderschuhen stecken. Und noch andere in Afrika oder Südamerika wie die Anden. Viele sind Schwindel erregend hoch, sie flößen Ehrfurcht ein und erzählen Legenden, sie bringen Leben, manchmal auch Tod. Warum stehen sie hier und nicht anderswo? Welche Geschichte haben sie?

**PAUL TAPPONNIER**

# INHALT

# Kleine Gebirgs-geschichten

# KLEINE GEBIRGSGESCHICHTEN: LEBENSLÄUFE IN STEIN

Unaufhörlich entstehen Gebirge. Allerdings werden sie abgetragen und zerstört, sobald sie das Licht der Welt erblicken. Überall auf der Erde bewundert man daher meist nur den Augenblickszustand eines Werkes, das vor unermesslichen Zeiten begonnen wurde und eines Tages vergangen sein wird. Dies macht es schwierig, Ursprung und Entwicklung der Gebirge zu untersuchen. Wie soll man die Hürde einer geologischen Zeit überspringen, die in Jahrmillionen gemessen wird? Glücklicherweise wissen wir dank James Hutton und Charles Lyell, dass die Gegenwart der Schlüssel zur Vergangenheit ist. Vor erst dreißig Jahren hat die erhellende Theorie der Plattentektonik endgültig bewiesen, dass dieses Aktualitätsprinzip begründet ist: Die heutigen Erdbewegungen liefern uns die Regeln, mit denen wir ihre Entwicklung seit vier Milliarden Jahren entschlüsseln können. Die Frage ist nun: Wo kann man gegenwärtig Entstehung und »Leben« eines Gebirges beobachten?

Unsere Alpen, ohne jeden Zweifel das am genauesten untersuchte Gebirge der Erde, geben uns hier leider nur unvollständige Hinweise. Man hat uns lange gesagt, sie hätten schon aufgehört zu wachsen, weit bevor die Ahnen der Menschheit auftauchten. In der Tat bewegen sie sich kaum, denn die Veränderungen, die von präzise arbeitenden Messstationen festgestellt werden, sind nur geringfügig. Wahrscheinlich durch die Bremswirkung der umliegenden Erdmassen gelingt es Italien, diesem Stiefel Afrikas, nicht mehr, so ungehindert wie früher weiter nach Europa vorzudringen. Manche wagen sogar zu behaupten, die Alpen hätten ihr Reifestadium längst erreicht und seien dabei, sich »aufzulösen«. Spricht man vorsichtig davon, dass sie sich möglicherweise noch heute erhöhen, kommt es zu endlosen Streitigkeiten. Warum aber soll man um Bruchteile von Millimetern streiten, wenn an anderen Orten die zehn- oder hundertfachen Bewegungen zu beobachten sind?

Man muss anderswo hingehen ... zu einem ganz anderen Erdteil, wo glücklicherweise ein ganzer Hort mit jungen Gebirgen existiert. Eine wahre Aufzuchtstation, in einem Gebiet, das von unbeschreiblichen Kräften heimgesucht wird, die der Geologie lange unbekannt blieben.

Hier hat die Erde ihre schönsten Kathedralen erbaut. Von der Gangesebene bis zur sibirischen Taiga steht das höchste Gebirgsmassiv des ganzen Globus. Das einzige, das man mit heutiger Technik von Venus oder Mars aus sehen könnte. Fünf Millionen Quadratkilometer Gipfel und Täler, vierzehnmal so groß wie Deutschland. Die höchsten Punkte über dem Meeresspiegel. Zusammen bilden Himalaja, Karakorum und Pamir, die als einzige an 8000 m heranreichen oder darüber hinausgehen, einen weit gespannten Bogen von 3000 km. Hinter diesem Massiv kann man von Norden nach Süden 1000 km und von Osten nach Westen 2000 km wandern, ohne jemals unter 4000 m zu gelangen: das Hochland von Tibet, das Dach der Welt. Noch weiter nördlich trennen Tian Shan und Altai, zwei Gebirgsketten, die höher und länger sind als die Alpen, Sibirien von den Dünen der Takla Makan, jener Wüste, »in die man sich hineinbegibt, aber aus der man nie mehr herauskommt«. Schließlich folgt das Sayangebirge, in das der Baikalsee eingesenkt ist, ein 1620 m tiefer Graben, der 20 Prozent der Süßwasservorräte der Erde enthält, die nicht in Form von Eis gelagert sind.

Man findet junge, in Entstehung begriffene und hochdynamische Gebirge in diesem Hort der Berge. Die Oberfläche der Erde ist in steter Bewegung. Die Kruste des alten Kontinents unterliegt vielfältigen Veränderungen. Die Tektonik ist im Gange. Tektonik nennt man die Bewegungsvorgänge und -prozesse, die zur Verformung der Erdkruste führen, der Haut unseres Planeten. Daher der griechische Ursprung des Worts und seine Verwendung in der Architektur. Hervorgegangen aus der Kollision zweier Kontinente. Ein Vorgang, der sich bis heute fortsetzt, begleitet von zerstörerischen Erdbebenstößen, wie sie vor kurzem Sumatra und Pakistan heimsuchten.

In Asiens Gebirgsschule ist der Raum groß, die Sicht weit, die tektonischen Mechanismen sind klar erkennbar: Weder Vegetation noch allzu mächtige Böden verstellen den Blick auf den Untergrund, höchstens eine niederwüchsige Steppe, ansonsten meist nur Felsen und nackter Boden. Was für ein Glück, um die darunter verborgene Struktur zu begreifen! Und damit die Bewegungen. Hier liegt das Paradies des Geomorphologen, des Forschers, der ebenso verliebt in die Formen ist, wie es ein Bildhauer oder ein Tänzer sein kann. Die

Kombination eines trockenen Klimas mit dem »zarten« Alter der Berge hat das Relief in seiner Detailfülle und in seiner ganzen Unberührtheit erhalten, was ihr Verständnis erleichtert. Sehen wir sie uns also an.

## VOM ENTSTEHEN

**Der Tian Shan** Die Dsungarei, eine aus Sandwüste und Salzsteppe bestehende Landschaft, gehört den kasachischen Nomaden, die ihre Jurten im Schutz der Täler gegenüber dem Tian Shan aufstellen. Der Name »Himmlische Berge« gibt genau das Bild wieder, das man aus der Ferne von diesem Gebirge hat, sommers wie winters: eisglitzernde Bergspitzen, die wie Schiffe über dem gelblichen Dunst der Wüste treiben. Mit seinen 2000 km Länge und den 7000 m Höhe seines höchsten Gipfels – des Khan Tengri, wieder eines »Himmelskönigs«, nun aber für die Mongolen –, ist der Tian Shan nach dem Himalaja die größte Gebirgskette Asiens.

Westlich von Urumchi, der Hauptstadt der Region Sinkiang, ist die Natur noch nicht vom Menschen berührt. Die trockene, karge Steppe steigt nach Süden sanft an. Zwei Reihen niedriger Hügel verdecken den Fuß der hohen Gebirgskette, des Boro Horo. Wir sind weit weg vom Grat, vielleicht 50 km. Die nächsten Hügel wirken in den Augen des Geologen ungewöhnlich. Genau parallel zur Gebirgskette. Quer gewölbt. Wie aus dem Meer ragende Walrücken. Die gleichmäßigen Kuppen sind nicht sehr hoch, höchstens 300 m. Wo ihre Nordseite in der Steppe aufgeht, sieht man nur einen sanften Abhang, an den sich hier und da die kleinen kegelförmigen Gräber der muslimischen Friedhöfe schmiegen. Herden von zweihöckrigen Kamelen, deren schokoladenbraunes Fell jetzt am Winteranfang dicht ist, steigen ruhig die glatten Hänge hinauf. Weit entfernt von den Baumwollfeldern der Ebene und den bewässerten Tälern, ist dies die einzige ökologische Nische, die ihnen bleibt. In den Flusstälern, wo das Wasser bereits zu gefrieren beginnt, kann man unter die Haut der »Wale« blicken. Zunächst eine dicke Schicht, ebenso gewölbt wie die Oberfläche: hellbeigefarbener Löss, »Zement« aus feinem Staub, der vom Wind hier abgelagert wurde. Darunter abwechselnd Schichten aus grauem Kies und rosafarbenem Ton, die heutigen Hochwasserablagerungen von Flüssen gleichen. Auch sie sind genauso gewölbt wie die Oberfläche. Tal für Tal, auf 200 km Länge, findet man die gleiche Form.

Aber normalerweise lagern die Flüsse Schlamm und Kies flach ab. Und das Wasser fließt eher selten bergauf ... Gewölbte Oberfläche, gewölbte Hochwasserablagerungen – der Ursprung der Hügel wird klar: Die Walrücken sind einfach die oberste Wölbung großer Falten. Ebenso wie die Kamele wird der Wanderer, der diese Falten durchquert, um sich den Gipfeln des Boro Horo zu nähern, nicht müde. Einige hundert Meter Höhenunterschied auf mehr als 10 km? Das klingt nach einem Spaziergang der leichteren Art. Normalerweise meint man, flachere, sanft gerundete Gebirge seien alt. Das alte Zentralmassiv und die jungen Alpen etwa ... Hier ist jedoch das Gegenteil der Fall. Wie ein Tischtuch, das man über einen Tisch schiebt, ist die Oberfläche der Steppe dabei, sich zu falten. Vor unseren Augen. Diese weit gespannten Falten sind so sanft, weil sie neugeboren sind. So jung, dass die Verwitterung kaum Zeit hatte, ihre Oberfläche zu überformen. Zwar graben sich einzelne kleine Rinnen in die steilsten Hänge, unterhalb der kasachischen Friedhöfe. Aber es gibt kein geordnetes Rinnensystem, keinen geregelten Angriff, keine Täler in der Höhe. Nur die geraden Schluchten, die von den Schmelzwasser führenden großen Flüssen gegraben wurden, durchbrechen die Unversehrtheit der Falten. Diese so genannten antezedenten Flüsse strömten schon lange vor dem Beginn der Faltung.

Neugeboren? Aber wann genau? Der Löss, der die Falten überlagert, gibt eine Vorstellung davon. China ist berühmt für diesen gelben Boden (Huang Tu Di), der alle Ebenen nördlich des Gelben Flusses fruchtbar macht und diesem den Namen gegeben hat (Huáng Hé). Als feines Mineralmehl, das durch den Abrieb der Felsen am Grund der Gletscher oder durch die Arbeit des Frostes entsteht, wird der Löss vom Wind verteilt, wenn das Eis zurückweicht und die Mahlstätten freigibt. Zwischen den Eiszeiten sammelt sich also am meisten davon an. Die dicke Schicht auf diesen Falten hat die Ebene vor ungefähr hunderttausend Jahren überzogen, direkt vor dem letzten großen Eiszeitzyklus. Nur 100 000 Jahre ... So klein sie sind, wachsen diese Babyfalten also sehr schnell: 300 m in 100 000 Jahren oder 3 mm pro Jahr. Das ist 30-mal langsamer als ein Mensch, aber schnell genug, um eine Mauer von 3000 m Höhe in nur einer Million Jahre aufzurichten: die Maßeinheit der geologischen Zeit ... nur ein Augenblick.

Wir sehen hier also tatsächlich der Geburt eines zukünftigen Hochgebirges zu. Seine kindliche Form ist diese Reihe von runden, glatten Walrücken. Als Kind des großen Boro Horo wird es sich bald mit ebenso steilen Gipfeln vor diesem aufrichten wie das Muttergebirge weiter südlich.

Die winterliche Stille über der Steppe und die Sanftheit der Landschaft scheinen für eine geschichtslose, kaum wahrnehmbare Geburt zu sprechen. Doch genau vor 100 Jahren, am Abend vor Weihnachten 1906, wurde fast der ganze Fuß des Tian Shan von Urumchi bis Dushanzi in 100 Sekunden verwüstet. Das Erdbeben von Manas, ein Stoß mit Stärke 8, hatte die Walrücken auf 200 km Länge um 3 m angehoben. Die Ruhe ist scheinbar, die Sanftheit täuscht. Die Wölbung der Hügel kommt nach und nach durch heftige Stöße zur Welt. Die Spuren der letzten Zerstörung sind noch zu sehen – natürlich mit geschultem Blick. Untersucht man sie im Detail, scheint es, als ob Wachstumsstöße wie der vom 23. Dezember 1906 etwa alle acht bis neun Jahrhunderte vorkommen.

**Der Qilian Shan** Als uralte strategische Verbindung zwischen dem Reich der Mitte und seinen Kolonien im Westen erstreckt sich der Gansukorridor 2500 km westlich von Peking über 800 km. Vor uns erhebt sich Jiayuguan, die letzte Festung der Chinesischen Mauer. Hinter den rot gestrichenen Ecktürmen und den massiven Zinnen erhebt sich eine sehr viel höhere, natürliche Mauer: der eisbedeckte Kamm des Qilian Shan. Weiter im Norden ist alles flach, oder fast: Hier liegt die Wüste Gobi, ein Gebirgsfuß, der bereits so hoch ist wie die Skigebiete des Alpenvorlands. Davor erhebt das tibetische Hochland seinen ersten Wall mit 5500 m Höhe.

Die Höhe macht die Oktoberluft glasklar. Zwischen Mauer und Berg erstreckt sich ein Streifen von Oasen, die von Schmelzwassern genährt werden und mit Millionen gelber Pappeln bepflanzt sind. Er musste gut geschützt werden: 2000 Jahre lang war er für die Karawanen der einzige Durchgang von West nach Ost. Ohne das Eis am Rande der Wüste hätte es weder die Oasen noch die Seidenstraße gegeben. Kein schwer beladener Konvoi hätte die wasserlose Weite Zentralasiens durchqueren können. Heute sind Züge an die Stelle der baktrischen Karawanen getreten. Man sieht sie aus großer Distanz, 30 km oder mehr, kleine schwarze Striche, die von den Dampflokomotiven mit den großen roten Rädern in die Stille der Weite gezogen werden.

Auch hier liegt zwischen dem Fuß der hohen Gebirgskette und den Pappelhainen eine Reihe trockener, ockerfarbener oder grauer Hügel, durchschnitten von Flüssen. Sie sind nicht viel höher als die Mauern von Jiayuguan. Kies und Schlamm, von den Flüssen hier abgelagert, liegen seit kurzem frei. Diese wechselhaften Ablagerungen sind bereits gefaltet. Daher ihre Form und Farbe. Nur Schafe weiden darauf.

Das entscheidende Landschaftsmerkmal, um die Bewegung zu verstehen, ist ein fast unbedeutendes Detail am Fuß des so hohen Gebirges: eine Stufe, durch die unterhalb der grauen Hügel der Boden um einige Meter absenkt ist und nicht die geometrische Regelmäßigkeit menschlicher Bauten hat. Sie wurde nicht gegraben, um ein Feld zu begrenzen oder das Wasser zu leiten. Sie steht in Harmonie mit einer Landschaft, in die sie hineinpasst wie ein Zahnrad in eine Maschine. An den nördlichen Fuß der Hügel geschmiegt, zieht sie sich durch alle Täler. Überall geht sie nach Norden. Östlich von Jiayuguan ist sie abgeflacht, mit Beifuß bewachsen und mit dem Aussehen der Steppe verschmolzen. Im Westen ist sie noch ein steiler Hang, der den Boden unter der Oberfläche freilegt. Von den Höhlen der Picas durchlöchert, aus denen noch einige große Steine hervorragen.

Woher kommt diese kleine Stufe, dieses »Detail«? Im Osten wie im Westen hat sie sich ganz plötzlich gebildet, in wenigen Sekunden. Sie verkörpert die von der Zeit mehr oder weniger verwischte Spur zweier großer Erdbeben sehr verschiedenen Alters, die aber die gleiche Rolle spielten. Diese Erdbebenstufe liefert ein Bild vom ruckartigen Anstieg der Hügel. Das Beben im Westen stammt von »gestern«. Es erschütterte 1932 die ganze Region. Schlagartig senkte sich die Verwerfung, die 20 km unter dem Gebirge liegt, um 2 bis 4 m. Das ganze Gebirge hob sich gegenüber den Pappelanpflanzungen des Korridors um ebenso viel. Die Verschiebung durchschnitt und versetzte den bewachsenen Fuß der Hügel und schuf die »frische« Stufe, der man heute über 150 km folgen kann. In dem durch diesen Hebungsruck freigelegten Bodenhorizont wurden die Nagetiere heimisch und graben bis heute nach Herzenslust. Das Beben im Osten dagegen ist sehr viel älter. Hier ist der Steilhang, durch Erosion bereits ausgeglichen, mit der Landschaft verschmolzen wie ein verlassenes

Mäuerchen, das zu einem Steinhaufen wird. Im Jahr 180 verloren die Karawaniers der Han-Dynastie dadurch einen ihrer wichtigsten Wege. Luo Tuo Tschen, die »Stadt der Kamele«, wurde verlassen, da ihre Aquädukte eingestürzt waren. So versteckt wie er ist – auch dieser Hang ist das sichere Zeichen eines alten Wachstumsschubs.

Für den, der die Formen lesen kann, fügen sich die Wachstumsmomente des Panoramas vor der Großen Mauer wie einzelne Sequenzen zu einem Film. Es ist eine lebende, noch großartigere Landschaft. Jedes Bild des Films ist ein Erdbeben. Die Gebirgskette bleibt trotz der Erosion eisbedeckt, weil sie sich bei jedem Beben hebt. Die Verwerfung am Fuß der Hügel ist der Regisseur dieses Aufstiegs. Der Qilian Shan hebt sich unaufhörlich und nähert sich damit der Wüste Gobi. Nach und nach, Beben für Beben, »überschiebt« er den Gansukorridor. Die Hügel falten sich heute dort, wo die Verwerfung – die »Überschiebung« – wieder an die Oberfläche kommt. An der höchsten Stelle hat der älteste Kies wohl erst einige hundert Stöße erlebt. Auch hier wächst ein junges Gebirge vor einem anderen, das schon im Jugendalter ist. Ein junges Gebirge, das, um seine Größe zu erhalten, durch Erdbeben alle 2000 Jahre die Meter zurückgewinnen muss, die ihm die Erosion genommen hat. Um höher zu werden, müsste es mehr tun: ein Beben alle paar Jahrhunderte.

## VOM WACHSEN UND REIFEN

**Der Mustagh Ata** Kashgar, eine Oase am Schnittpunkt von vier Flüssen im »Wilden Westen« Chinas. Ganz am Ende der größten Wüste Turkestans, der Takla Makan, deren Wanderdünen das Tarimbecken füllen. Bei klarem Wetter am Frühlingsanfang sieht man im Westen zwei lange, eisbedeckte Gebirgskämme über dem heranwachsenden Weizen. Mit über 7500 m Höhe sind der Mustagh Ata und der Kongur Shan die höchsten Gipfel des Pamirs. Sie sehen ganz nach Himalaja aus. Eine alte Abzweigung der Seidenstraße, die über den Khundsherab-Pass und durch das Industal nach Indien hinabführt. Dieser Route ist Marco Polo bei seiner ersten Reise an den Hof des Kubilai Khan gefolgt. Heute braucht man von Kashgar nur ein paar Stunden bis zum Karakul, den man unpassend »schwarzen See« nennt. Je nach Tageszeit schimmert er nämlich wie ein Türkis oder wie ein Smaragd, der zwischen den beiden Riesen eingefasst liegt. Rund dreißig fast parallele Gletscherflüsse stürzen von den Flanken der beiden Berge herab.

Zwei Flanken mit erstaunlich klarem Profil. Der Mustagh Ata südlich des Sees, der »Vater der Eisgebirge«, ist eine fast vollkommen geformte Kuppel. Die weiße Haube, die seine Gletscher speist, ist eine glatte Kappe von gleich bleibender Dicke. Die Kuppel wird nur von einigen großen Gletschereinschnitten durchbrochen. Sie sind tief, aber voneinander getrennt und haben noch nicht die ungewöhnliche Form des Bergs zerstört. Zwischen ihnen steigt die Flanke des Mustagh regelmäßig ab bis zu einem flachen Gebirgsfuß mit Moränen, die früher größere Seen enthielten; der Karakul ist nur ein Überbleibsel. An dem fast sanften Abstieg können die baktrischen Kamele klettern. Er gehört zu den wenigen Bergen, wo sie als Tragetiere Sherpas und Maultiere ersetzen. Unter der Haube an den Steilhängen, zwischen den Gletschereinschnitten, sieht man zwei Schichten verschiedenen Gesteins. Die eine hell, die andere dunkel, beide streng parallel zur Eisschicht. Grüner Amphibolit und weißer Gneis, den man in Blöcken in den Moränen wieder findet. Zwei metamorphe Gesteinsarten, die nur in über 15 km Tiefe entstehen.

Gesteinsschichten in Kuppelform, auf deren ebenmäßigen Hängen Kamele klettern! Das Bild kommt uns bekannt vor. Könnte der Mustagh nur eine Falte sein? Wie die, die wir an den freiliegenden Sedimentschichten erkennen? Trotz der Höhe, der Gletscherkappe, der Tiefengesteine und vor allem ... der Größe? Eine riesige Falte, voll entwickelt, durch die Einwirkung des Eises kaum verändert? Zur Überprüfung muss man lediglich mit Kennerblick links am Karakul vorbeisehen. Dort erkennt man, dass die beiden Schichten um 180° abdrehen, genau um die »Nase« des Mustagh herum, des »Kopfs eines Riesenwals« ...

1000 km westlich der Großen Mauer liefern die Landschaften von Chinas Wildem Westen ein im wörtlichen Sinne tieferes und dynamischeres Bild vom Wachsen der Gebirge. Ein einzigartiger Anblick: Die Eishauben auf den beiden höchsten Gipfeln des Pamirs, fast 8000 m hoch, zeigen deutlich die Umrisse riesiger Falten. Die höchsten Berge der Erde sind einfach Falten! Die enormen Wölbungen umfassen 20 km hartes Gestein, nicht mehr 1000 m Kies wie die Hügel von Jiayuguan. Aber der Mechanismus ist der gleiche. Hier hat sich ein beachtlicher Teil der Erdkruste gefaltet und tut es immer noch, oberhalb des Tarimmantels, der über 200 km unter die Oberfläche hinabreicht. Offensichtlich ist das Alter hier ein anderes: Ganze 10 Millionen Jahre hat es gedauert, bis solche Kuppeln entstanden sind.

Vor allem, und weit mehr als bei den jungen Hügeln des Tian Shan oder des Qilian Shan, schenkt die Bewegung der Landschaft hier leuchtende Farben: Karminrot, Zinnoberrot, Weinrot. Weit flussabwärts von Karakul ... aber vor der Tarimmündung, wo sich heute die Verwerfungen erheben, die sich unter den Mustagh und den Kongur schieben. Diese Verwerfungen bewegen sich schon so lange und so schnell, dass sie im Vorland mehrere Dutzende Kilometer vorangekommen sind, Hügelreihe für Hügelreihe. Dabei haben sie alten Sandstein nach oben befördert, der oxidiert wie Ton im Ofen des Töpfers. Gefestigte und »gebrannte« Schichten, begraben unter Tausenden von Metern jüngerer und weniger schön gefärbter Flussablagerungen, Erosionsschutt von den Gipfeln des Pamirs, den die Ausbreitungsbewegungen unaufhörlich zum Vorschein bringen. So kann man den vollständigen Zyklus von Schöpfung und Zerstörung sehen, der das lange Leben der Berge kennzeichnet.

**Der Chomolungma** An der Nordseite offenbart der höchste Punkt der Himalajakette, der Chomolungma – Mount Everest in der Sprache der Kolonialmacht –, seinen Ursprung. Von den heißen Quellen bei Dingri kann man ihn im Ganzen betrachten, während er nach Süden großenteils von anderen Achttausendern wie dem Lhotse und dem Nuptse verdeckt wird. Eine senkrechte Wand, überragt von einem schmalen Grat mit drei Felsenstufen. Hier verschwanden Anfang der 1920er Jahre George Mallory und Andrew Irvine. Der Gipfel rechts, im Westen, ist eine kleine, dreieckige Pyramide auf breiteren Stufen. Hier herrscht das Eis. Im Himalaja bedeckt es praktisch alles Gestein oberhalb von 6000 m. Hier jedoch ist die Wand so steil, dass es nicht überall haften kann. Lange, fast senkrechte Vorsprünge aus hartem Fels treten zutage. Alle sind parallel. Alle gleichmäßig nach Nordosten geneigt. Vom Gipfel zum Boden zeigt die ganze Seite des Bergs diese Schräge. Selbst der Kamm ist in diese Richtung geneigt, daher rührt auch die Position der Gipfelpyramide. Der Chomolungma ist ein Berg, der sich nach Norden beugt.

Die parallelen Vorsprünge unter dem Kamm sind Schichten sehr alten Kalksteins, die während des Kambro-Ordoviziums vor über 400 Millionen Jahren in einem nicht sehr tiefen Meer abgelagert wurden. Sie überdecken Schichten aus metamorphem Gestein, die in der Tiefe der Erdkruste wie von einem Walzwerk verformt wurden; auch sie sind nach Nordosten geneigt. Diese Schichten sind von viel jüngerem weißem Granit durchsetzt, der bei der Geburt des Himalaja vor ungefähr 25 Millionen Jahren entstand. Der Umfang der Aufwärtsbewegung lässt uns schwindeln. Fügt man zu den 8848 Höhenmetern des Gebirges die 10 000 m Meeresablagerungen hinzu, die sich nach dem Ordovizium 350 Millionen Jahre lang »in aller Ruhe« darauf abgelagert hatten, bis sie vom Eis weggehobelt wurden, so ist all dieses Gestein aus 20 km Tiefe unter dem Meer aufgestiegen. Ein Meer, das erst im Mitteleozän endgültig verschwand. Und die Neigung nach Norden? Es ist das schräge Förderband, das vom geschmolzenen Granit »geschmiert« wird; auf ihm ist dieses ganze Stück Erdkruste hochgestiegen, von seinem Fundament getrennt, während sich der Rest der Indischen Platte unter die Gebirgskette schob. Bis zum Gipfel des Mount Everest spiegelt die gleichmäßige Neigung, die die Landschaft beherrscht, also lediglich die Nordwärtsbewegung dieses Förderbands. Heute scheint 30 km unterhalb der Weiden, wo die Yaks grasen, eine ähnliche Überschiebung die Aufwärtsbewegung des Himalaja in Gang zu halten. Hier hat alles mit einer großen Falte der Kruste begonnen, von der nur noch einige Abschnitte der Nordflanke existieren. Die Südflanke war der Gewalt der Erosionskraft infolge des Monsuns voll ausgesetzt und ist seit langem zerstört. An ihre Stelle sind die Schwindel erregenden Mauern aus Gneis, Schiefer und weißem Granit getreten, die vom Makalu bis zum Dhaulagiri das mittlere nepalesische Bergland beherrschen. Die Entwicklung der Gebirgskette enthüllt uns also ein weiteres Stadium: Eine zweite große Verwerfung ist an die Stelle der ersten getreten, deren unterer Teil – das Walzwerk – nun an der Oberfläche liegt, nach oben getragen von diesem Felsaufzug, der nicht zu ermüden scheint.

Im Himalaja wird das Verständnis der Landschaften durch die Gewalt der Erosion und, an der Südflanke, durch die Dichte der Vegetation erschwert, aber es sind die gleichen Überschiebungen, Erdbeben für Erdbeben, von denen einige sogar zwischen Stärke 8 und 9 lagen (so in den Jahren 1897, 1905, 1934, 1950 ...); Beben spielen die Hauptrolle beim Wachstumsprozess der höchsten Gebirgskette der Erde, dem schnellsten von allen.

**Der Kailash** Der Kailash ist eine der heiligsten Stätten des Buddhismus. Und ohne Zweifel der verehrteste Berg. Lamas und Pilger umrunden ihn im Uhrzeigersinn, entlang senkrecht aufragender Steilwände aus rotem und grauem Sandstein. Für die Tibeter und alle, die an die 4000 m Höhe des Plateaus gewöhnt sind, ist diese *kora* keine große Mühe. Einige schmale Durchgänge, einige steile Wegstücke, im Norden ein hoher Pass, aber auf einem Großteil der Strecke haben die heute verschwundenen Gletscherflüsse den Weg freigemacht und geebnet. Aber warum diese Frömmigkeit? Zum großen Teil deshalb, weil der Mensch vor dem einzigartigen Ergebnis einer tektonischen Oper in mehreren Akten nur Ehrfurcht zeigen kann.

Der Khang Rinpoche, der »kostbare Schneeberg«, in unseren Atlanten Kailash genannt, gehört mit seinen »nur« 6714 m keineswegs zu den höchsten Bergen des Himalaja. Aber durch seine Lage auf einer Seite des großen Tals, das den Himalaja von Tibet und Indien von Asien trennt – der »Nahtstelle« zwischen Kontinent und Subkontinent –, ist er aus großer Entfernung sichtbar. Von Osten wie von Westen. Seine fast vollkommene Pyramidenform ist ein Anhaltspunkt für den Wanderer und ein Blickfang. Fast wie ein riesiger Stupa. Darunter liegen zwei große Seen – Manasarowar und Raksas –, zwei ebenfalls heilige Spiegel, die Krönung der göttlichen Vollkommenheit dieser Landschaft.

Diese Anhäufung von Naturschönheiten verdankt alles geologischen Prozessen. Der Stupa-Berg steht genau an der Wasserscheide in der Nahtstelle. Am Fuß des Berges ist das Wasser noch unentschieden, wohin es fließen soll. Dann aber findet es seinen Weg. Auseinander strebende Richtungen, die es Tausende von Kilometern weit bringen. Es speist den Lauf von vier Flüssen, die in entgegengesetzte Meere münden. Zwei machen sich auf den Weg nach Westen. Der größere, der Indus, entspringt aus der »Quelle des Löwen« (Schi Qan) an der Nordseite des Kailash. Sein Nebenfluss, der Sutlej, auf der Südseite. Viel weiter unten auf ihrem Weg zum Arabischen Meer strömen sie im Punjab zusammen und verwandeln ihn in einen Garten. Im Osten und Südosten entspringen der Brahmaputra (Yarlung Tsangpo) und der Ganges. Diese machen sich auf nach Osten, zum Golf von Bengalen auf der anderen Seite Indiens. Nachdem der Indus und der Brahmaputra über 1000 km der Nahtstelle in zwei verschiedenen Richtungen gefolgt sind, durchqueren sie den Himalaja am jeweils entgegengesetzten Ende. In tiefen, haarnadelförmigen Schluchten um zwei verschwisterte Berge herum, den Nanga Parbat und den Namche Barwa. Warum werden sie so nahe geboren und gehen so weit fort?

Die Pyramide des Kailash ist mit fast horizontalen Bändern gestreift, etwas ganz Neues bei einem knapp 7000 m hohen Berg. Jede Seite zeigt eine gleichmäßige Stufenfolge. Riesige Treppen, die ein Gott gebaut haben könnte, der noch verliebter in die Unsterblichkeit war als die Pharaonen.

Aber aus welchem Material bestehen sie? Die Konstruktion, die durch ihre Regelmäßigkeit überrascht, ist einfach eine Auftürmung von Sedimentschichten, die in ihrer ursprünglichen Position fast intakt erhalten sind. Tausende von Metern roter Sandstein und Konglomerat in großen, gerundeten Blöcken in Violett und Grün, die von alten Flüssen in einer Küstenebene flach abgelagert wurden, als gerade die Kollision einsetzte, das Meer der Erde zu weichen begann und der Himalaja erst in der Planungsphase war. Es handelt sich um die berühmte Indus-Molasse, die man in Leh und Hemis in der Provinz Ladakh oder im Süden von Lhasa wieder findet. Sie bedeckt die letzten Austern- und Nummulitenbänke des Thetismeeres, die aus der gleichen Zeit stammen wie das Baumaterial der Sphinx von Gizeh – wieder aus dem Mitteleozän. Dann wurden die Sedimente wie von einem Lastenaufzug »schön langsam« auf fast 7000 m Höhe gehoben und von den Gletschern zu einer Pyramide mit mehreren Seiten behauen, einer Stufenpyramide, einer gigantischen Version der Bauten von Sakkara.

Und die Wasserscheide? Hier endet der Hauptzug der Karakorum-Verwerfung. Einer Verwerfung mit rechtssinniger Horizontalverschiebung, die aus dem Nordwesten kommt, an die Nahtstelle gelangt und das Becken bildet, das die beiden Seen füllen. Rechtssinnig bedeutet, dass, wenn man auf der einen Seite einer solchen Verwerfung sitzt, alle auf der anderen Seite Sitzenden nach rechts wegdriften. Setzen wir uns also in Gedanken auf den Gipfel des Khang Rinpoche auf der tibetischen Seite. Im Südwesten sehen wir die Silhouette des Himalaja, der von Indien mitgezogen wird, nach rechts driftet. Genau diese Bewegung zwingt einen Teil der tibetanischen Flüsse – den Indus und den Sutlej –, nach Westen zu fließen und sich von ihren Nachbarflüssen zu unserer Linken zu trennen, die nach Osten aufbrechen. Diese – Ganges und Yartung Tsangpo – sind dem Diktat der Karakorum-Verwerfung nicht untergeordnet.

## VON »UNECHTEN« GEBIRGEN

**Das Simiengebirge** In Äthiopien liegt das Dach Afrikas. Nicht das höchste Gebirge. Kilimandscharo und Ruwenzori sind höher, stehen aber allein. Das Gebirge von Äthiopien hingegen bildet auf 3000 m Höhe eine Ebene von der Größe Englands. Das halbmondförmige Plateau endet abrupt mit dem Hang, der in die Danakilwüste abstürzt und das Rote Meer überragt. Mehr als zehn Gipfel reichen über 4000 m. Der höchste davon, Ras Daschan Terara (4620 m), krönt majestätisch das Simienmassiv.

Wo der Blaue Nil den Tanasee verlässt, auf dem nach der Legende eine Zeit lang die Arche Noah versteckt gewesen sein soll, übertritt er seine ersten Wasserfälle, die Tississatfälle, »rauchendes Wasser«. Er stürzt von einer schwarzen Steilwand in eine schwarze Schlucht. Auf seinem Weg durch das Simiengebirge durchquert er eine goldgelbe Steppe, die im Osten gesäumt ist von Bergtreppen – *trapps* –, die durch unermüdliche Aufeinanderhäufung gleicher Schichten aus schwarzem Gestein entstanden: Basaltgestein. Seltsame Spitzen ragen auf fast jedem Pass auf. Einige senkrecht, so hoch wie der Eiffelturm, auf unzugänglichen Berggipfeln, die durch Adlerkolonien weiß wurden. Andere gekrümmt oder schief wie der Turm von Pisa. Wie ist diese Landschaft aus einem einzigen Gestein entstanden? Diese Treppen, diese riesigen Pfeiler? Basalt ist das flüssigste und heißeste aller Lavagesteine, wie es heute der Kilauea auf Hawaii und der Ätna auf Sizilien in schnellen Flüssen und scharlachroten Fontänen speien. Wir stehen also auf den versteinerten Überresten eines gigantischen Vulkanausbruchs. Die herkulischen Pfeiler sind die ehemaligen Schlote, riesige erkaltete Röhren, in denen die starken Magmaströme an die Oberfläche schießen konnten.

Kein Ort zeigt das Ausmaß dieses Vulkanausbruchs deutlicher als der Steilhang von Lima Limo. Eine Wand von 2000 m Höhe, die an den Grand Canyon erinnert. Es ist der Rand eines Absatzes, den die Zuflüsse des Nils in die Lavaberge geschnitten haben. Die Gelada, Paviane mit Löwenmähne, sind Spezialisten für das raue Klima in großen Höhen und haben sich in der Nähe niedergelassen. Eifrig damit beschäftigt, auf Nahrungssuche den Boden zu durchwühlen, werfen sie keinen Blick auf die Umgebung. Aber beim geringsten Geräusch verschwinden sie augenblicklich unter den Rand des Steilabfalls, wo sie sich unter den Schutz der Bäume verkriechen, die sich an die Felsvorsprünge klammern. Für sie ist der Steilhang ein Zufluchtsort. Für uns, die wir uns nicht an den Ästen festhalten können, wirkt er Schwindel erregend. So weit das Auge reicht, sind Tische und Zinnen zu sehen, die aus einer gleichmäßigen Aufhäufung einige Meter dicker Schichten bestehen. Jede kann man mit dem Auge kilometerweit verfolgen. Tausende Meter Dicke unter dem ganzen Simienplateau! Mehrere hunderttausend Kubikkilometer Lava. Ein Meer aus Basalt hat sich unter uns verfestigt. Mit dem Auge kann man noch das Gefälle schätzen. Als die Lava flüssig war, strömte sie über eine sehr flache Kuppel. Wie lange hat der Basalt gebraucht, um sich aufzuhäufen? Bei der Größe dieses geschwulstartigen Gebildes sicher lange ... Doch nein! Die Argon-Datierungen sind eindeutig: Nur eine kurze Million Jahre hat es gedauert, damals vor 30 Millionen Jahren!

Diese gigantischen Mengen »Plateaubasalts« entstehen in etwa 150 km Tiefe, wenn aufsteigendes heißes Mantelmaterial an einem Punkt die Lithosphäre berührt, diese kalte Hülle, die Meere und Kontinente trägt. Diesen Berührungspunkt des heißen Stroms nennt man *hot spot*. Die Hitze ist so groß, dass der untere Teil der Hülle schmilzt, aufbricht und Strömen von Magma den Weg freigibt. Eine echte Katastrophe. Bis der Strom versiegt, verdunkelt die mit Schwefelgasen angereicherte obere Atmosphäre die Sonne zu einem langen vulkanischen Winter, und die Durchschnittstemperatur der Erde sinkt um 10 °C. Solche Ausbrüche sind allerdings sehr selten. Zum Glück, denn einige vernichteten in der Vergangenheit den Großteil der Tierarten und wälzten immer wieder radikal die Biosphäre um.

So entstand das Dach Afrikas. Unter dem plötzlichen Druck eines »Geysirs« aus glühend heißem Mantelmaterial wölbte sich der östliche Teil des alten Kontinents und bildete eine Kuppel mit einem gewaltigen Durchmesser von 800 km. Die Wölbung brach auf und ließ in riesigen Schloten Lavaströme austreten, die den alten Sockel bald auf Zehntausenden von Quadratkilometern bedeckten; in einigen Hunderttausenden von Jahren schufen sie die äthiopischen *trapps*, diese kolossale Auftürmung, die seither vom Nil und seinen Zuflüssen durchschnitten wird. Diese Hochebene am Äquator, die von den Luftmassen zweier Monsune ihre Niederschläge erhält, aus der Nil und Awash entspringen und die eine Hochburg der Zivilisation seit der ägyptischen Antike ist, verdankt ihre Existenz nur einem kurzen Schluckauf der Erde.

Diese Gebirge haben nichts gemein mit dem Himalaja oder den Gebirgsketten Zentralasiens. Es sind keine Gebirgszüge. Das Gestein der unteren Kruste hebt sich kaum. Eher senkt es sich. Hier ist eigentlich nichts tektonisch: wenig Verformung, kein Transport in der Horizontalen. Nur eine Auftürmung von Lavagestein, die wie ein riesiges Pflaster die Erde bedeckt. Vom Standpunkt der Tektonik sind wir daher berechtigt, von unechten Gebirgen zu sprechen. Dies gilt im Übrigen für alle Vulkane.

**Das Hochland von Tibet** Dies ist mit Sicherheit die paradoxeste Landschaft. Eine große Weide ohne Ende, in welche Richtung man auch blickt. Mit dichtem Gras bedeckt, von ruhigen Flüssen durchzogen. Pferde weiden hier, Schafe und schwarze Rinder. Zu Tausenden. Man glaubt in Texas oder in Holland zu sein. Jedenfalls in einem dieser flachen Länder dicht über dem Meeresspiegel ... Und doch ist das Blau des Himmels fast schwarz, das Licht blendend hell. Man stößt auf Edelweißbüschel. Die schwarzen Rinder mit langem Fell und Hörnern wie Auerochsen schnauben: Es sind Yaks. Wir befinden uns auf 5000 m Höhe, mitten im Hochland von Tibet, auf dem Dach der Welt.

Eine Ebene in der Höhe des Montblanc, so groß wie ganz Westeuropa? Anders als man immer glaubt, besteht Tibet großenteils aus einer völlig ebenen Steppe. Trotz der Höhe keine steilen Hänge. Manchmal wird der Horizont von mäßig hohen Bergen begrenzt. Natürlich weiß, weil die Grenze des ewigen Schnees knapp über 5000 m liegt. Träge Gletscher entstehen hier. Aber die Erhebung bleibt gering: höchstens 1500 m über der Ebene. Nicht wie die Wände im nepalesischen Himalaja oder im Berner Oberland. Hauptsächlich ist Tibet, ebenso wie der Altiplano der Anden, mit großen Seen übersät, einem Zufluchtsort für Tausende von Gänsen, Mandarinenten und anderen Zugvögeln. Ihre Namen zeugen von Höhe und Weite. Tengri nor: »Himmelssee«. Koko nor, Qing Hai: »Blaues Meer«. Ob es nun von den Monsunregenfällen stammt, die über die Sperre des Himalaja kommen, oder von den schmelzenden Gletschern – das Wasser bleibt gefangen.

Gefangenes Wasser: Dies ist der Schlüssel zur Entstehung der Landschaft. Gehen wir 600 km weiter nordwestlich. Das Panorama verändert sich. Noch immer Steppe, aber immer trockener. Die Höhe nimmt ab. Die Qaidamwüste auf nur 3000 m Höhe ist verblüffend flach. Sie ist der Überrest eines früheren Sees. Mit riesigen Ausmaßen: 200 km breit und 600 m lang. Doch der Höhenunterschied zwischen Hochebenen und Gipfeln hat zugenommen. Klüfte beginnen sich einzugraben. Die spektakulärsten sind die des Gelben Flusses. Man erkennt, dass der große Strom, der heute als einziger den Norden Tibets verlässt, in einem Kampf der Giganten gefangen ist. Einem Kampf auf Leben und Tod, den er höchstwahrscheinlich verlieren wird ... gegen den raschen Aufstieg der Gebirge, die seinen Lauf versperren wollen. Er ist der größte, aber der letzte. Schon viele Male hat er ganze Zweige seines Einzugsgebiets verloren, wenn Zuflüsse durch Verschiebungen (Hebungen und Senkungen) versperrt wurden. Nur einige hat er zurückgewonnen. Schon viele Male, wenn er in kalten und trockenen Eiszeitperioden nur wenig Wasser führte, wurde sein eigener Lauf von solchen Verwerfungen blockiert. Zeugen dafür sind Schlamm, Sand und Kies, die sich hinter solchen quer zur Fließrichtung stehenden Dämmen angehäuft haben: Tausende Meter vielgestaltiger Ablagerungen blieben oberhalb der wachsenden Berge liegen. Zeugen sind auch die später entstandenen Einschnitte in diesen Bergen und Ablagerungen, wenn der Fluss während der warmen und feuchten Regenzeiten wieder die Oberhand gewann: bis zu 800 m tief eingeschnittene Canyons mit nahezu senkrechten Wänden.

Wie ist das Hochland von Tibet entstanden? Zusammen liefern die von großen Seen durchsetzten Hochweiden, die flache Qaidamwüste und der Kampf des Gelben Flusses ein plausibles Erklärungsmuster. Die Tektonik hat nach und nach die Flusserosion außer Kraft gesetzt: Flüsse fließen normalerweise ins Meer. Doch hier nicht. Die Flüsse erreichten es nicht mehr, sondern bildeten ihr Delta auf dem Festland – und wanderten dabei immer weiter nach oben. Die von Bergen umgebenen Becken hatten keinen anderen Ausweg mehr, als sich nach und nach mit Wasser und Sedimenten zu füllen. Fast bis zum Überlaufen. Fast bis zum Gipfel der Berge. Ihr Boden, der immer weiter aufgefüllt wurde, flachte sich mit dem Aufsteigen ab. Wie heute in der Qaidamwüste. So ist die Flachheit des Dachs der Welt entstanden, dieses »ebenen Gebirges« auf 5000 m Höhe!

# VERBORGENE VERWERFUNG

## Dushanzi, Sinkiang

Wir stehen am Fuß der »Himmlischen Berge«, des Tian Shan. Auf der Nordseite. Das schneebedeckte Gebirgsmassiv begrenzt trutzig den Horizont. Im Vordergrund scheint alles in Bewegung. Die längliche Erhebung hinter dem Pferd, das einsam in der Steppe weidet, besteht aus Kies, der von Flüssen flach abgelagert wurde, als unsere Vorfahren noch den Wollmammutherden nachstellten. Das war gestern. Heute sind diese Ablagerungen bereits zu einem Walrücken gefaltet. Ein geologischer Wal von 300 m Höhe, 3 km Breite und 15 km Länge. Kleine, steile Schluchten durchschneiden bereits die Vorderseite. Kaum ist die Erhebung entstanden, unterliegt sie schon dem Diktat von Kräften, die sie abzuflachen versuchen. Alles abtragen, was herausragt: Dies ist die Aufgabe der Erosion. Und doch wird diese kleine Falte zum Gebirge werden. 300 m Höhe und ein Gefälle von 10° in 100 000 Jahren, das ist sehr schnell. Noch 500 000 Jahre, und sie wird fast 2000 m Höhe erreichen. Diese Art von Hügel, länger als breit, ist das Produkt einer Verwerfung, die sich an die Oberfläche durchpaust. Einer verborgenen Verwerfung, die von weither kommt: Sie wurzelt 40 km weiter südlich unter der Gebirgskette, die im Hintergrund sichtbar ist.

**ERDBEBENSPUR.** Dsungarei

Am Rand der dsungarischen Ebene schob sich der Hügelfuß unter den von der untergehenden Sonne beschienenen Hängen um 8 m auf einmal horizontal nach Norden – 1931 bei dem Erdbeben von Fuyun. Die Spuren dieser Verschiebung sind unterhalb der Berge auf einer Länge von über 100 m zu erkennen.

**Doppelseite 20/21: ROSA SANDSTEIN.** Tian Shan

Diese Schichten aus grauem, rosa- und ockerfarbenem Sandstein, die sich am Fuß des Tian Shan auffalten, waren vor zehn Millionen Jahren noch Schlamm und Sand, der weit vor der Gebirgskette von den Flüssen ausbreitet wurde.

**GESCHÜTZTE TERRASSE.** Tian Shan

Kasachische Nomaden haben ihre Jurten auf der Niederterrasse in der Nähe des mit Pappeln bewachsenen Flussufers aufgeschlagen. Im Schutz der älteren, mit weißem Löss bedeckten Hochterrassen, die durch Flusserosion entstanden sind.

# DURCHBRUCH VON JINGOU

## Sinkiang

Das Tal des Jingou He – »goldener Durchbruch« – durchschneidet die jungen Falten, die sich nördlich des Tian Shan erheben, und lässt deutliche Zeichen ihres Wachstums zutage treten. Hinter den Beifußbüscheln ganz im Vordergrund zieht der Fluss seine Bahn durch den grauen Kies, den er am Grund der Schlucht mitführt. Am linken Ufer sieht man die Schichten aus ziegelrotem Sandstein, alle um etwa 50° nach rechts geneigt, in die er sich immer tiefer einschneidet. Immer weiter nach unten, denn er muss kämpfen, um seinen Weg durch dieses aufsteigende Gestein beizubehalten. Und der Beweis? Auf halber Höhe im roten Sandstein erkennt man die Überreste eines grasbewachsenen Absatzes über einer dünnen Schicht aus verfestigtem Kies: eine Terrasse, Teil eines alten Flussbetts, die rund 20 m über dem heutigen Flussverlauf liegt. Aber das ist noch nicht alles. Der Gipfel des Kamms ist mit Schichten aus weißen und grauen Ablagerungen bedeckt, die sich ein wenig, um 5 bis 10°, nach Süden neigen. Auch diese hat der Fluss auf dem glatt gehobelten Sandstein zurückgelassen. Wieder ein verlassenes Flussbett, allerdings viel älter und somit viel höher, denn es hebt sich schon seit längerer Zeit. Seit vielleicht hunderttausend Jahren, wenn man die helle Farbe der mächtigen, vom Fluss umgeformten Lössablagerungen betrachtet.

**JUNGE FALTE.** Gansu, China

Die Überschiebung, die den Ta Xueh Shan wachsen lässt, tritt 16 km nördlich der Erhebung in dem von ihr gefalteten Schwemmland an die Oberfläche. Daher die wellenartige Formation im Vordergrund. Beim letzten Erdbeben, 1932, wuchsen die kaum 20 m hohen Wölbungen um einen weiteren Meter.

**BAKTRIER.** Shawan. Dsungarei

Die dsungarische Steppe ist eine natürliche ökologische Nische für die eindrucksvollen baktrischen Kamele, die mit ihrem dichten Fell und den beiden aufrechten Höckern bestens für den zentralasiatischen Winter gerüstet sind. Über 1500 Jahre waren sie die »Schiffe« der Seidenstraße.

Doppelseite 28/29: **GEHOBENE TERRASSEN.** Qira. Sinkiang

Der Fluss Qira durchquert hier die Ausläufer des Tekelike Tagh. Er bildet dabei eine Sequenz aus elf übereinander liegenden Terrassen, deren Kiesbetten zu Konglomerat umgewandelt wurden und den roten Sandstein bedecken, der durch die kontinuierliche Hebung des Gebirges zutage tritt.

# AKTIVE VERWERFUNG

### Karachingar, Dsungarei

Hängt der Name des Ortes – »schwarzer Streit« – mit der Naturkatastrophe zusammen, die in regelmäßigen Abständen dieses Gebirge erschüttert? Wir wissen es nicht ... Aber eines ist sicher: Alle zwei- bis dreitausend Jahre wird seine Flanke von einem großen Dislokationsbeben erschüttert. Einem Erdbeben von der Kraft, die Kamele und Reiter zu Boden wirft und den Granit bis an die Oberfläche zerbricht. Ein Einschnitt, dessen Narbe in Erstaunen versetzt. Das letzte Erdgrollen dieser Art verschob im August 1931 auf 180 km Länge tausend Hügel. In Karachingar ist der entstandene Riss von atemberaubender Deutlichkeit und Größe. Man folge der Böschung, die hinter dem kleinen Hügel im Vordergrund rechts den Hang durchschneidet, der von den ersten Winterfrösten gerötet ist. Es ist offensichtlich, dass die Flanken sich gegeneinander verschoben haben: Man kann die beiden Ränder der bewachsenen Hänge genau zusammensetzen und den noch intakten Abhang der 1920er Jahre wiederherstellen. Bei dem Beben hob sich der Gipfel des Berges in einigen Sekunden um 10 m. Die wiederkehrenden Erdbeben über den Verwerfungen bauen die Gebirge. Zehn große Erdbeben erschaffen einen kleinen Hügel. Weniger als fünfhundert genügen, um ein Gebirge aufzutürmen.

**ALTER SOCKEL.** Bayan Olgyi Aymag, Mongolei

Das alte Gestein der tiefen Kruste, das über Jahrmillionen durch die Erosion abgetragen wurde, steigt an die Oberfläche. Hier im Nordwesten der Mongolei ist es der in 10 km Tiefe kristallisierte Granit, mit eingeschlossenen Adern, die die Kämme markieren.

**Doppelseite 32/33: JUNGE HÜGEL.** Gov Altai, Mongolei

Der ganze Südwesten der Mongolei beginnt die gewaltigen Kräfte zu spüren, die Indien über 2500 km südlich auf ganz Asien ausübt. Die am weitesten entfernte graue Erhebung ist eine Falte. Der Balkon, von dem man hinüberblickt, ist eine Terrasse, die sich hebt.

**WIEDERBELEBTES GEBIRGE.** Uvs Aymag, Mongolei

Die Höhe mancher Gebirgszüge der Mongolei nähert sich der 4000-m-Grenze. Sie sind bereits einen Großteil des Jahres mit Schnee bedeckt und werden von seit kurzem wiederbelebten Verwerfungen gehoben; es sind die jüngsten Gebirge Asiens.

Doppelseite 36/37: **ROTER SANDSTEIN.** Bayanhongor Aymag, Gov Altai, Mongolei

Je älter der rote Sandstein ist, umso farbintensiver leuchtet die klassische kontinentale Ablagerung, die man am Fuß der meisten Gebirge Zentralasiens findet.

**Doppelseite 38/39: ALTE FALTE. Bayan Olgyi Aymag. Mongolei**

Eine Herde von Schafe und Ziegen klettert an den felsigen Graten auf der anderen Seite des Sees entlang. Die durch Hitze gehärteten und durch Oxydation geschwärzten Schichten wurden vor über 300 Millionen Jahren gefaltet.

**JUNGE GEBIRGE. ALTES GESTEIN. Mongolischer Altai**

Den Ursprung dieser Erhebung kann man nicht verstehen, indem man die Geologie des Gesteins untersucht, aus dem sie besteht. Allein die Geomorphologie, die Lehre der Oberflächenformen, liefert hier die Erklärungen.

**STEPPE UND REITER. Uver Khangai. Mongolei**

Die endlose Weidefläche, in der man besser zu Pferd als mit dem Auto vorwärts kommt, ist nicht so flach, wie ihr Name glauben lässt. Kaum sichtbare Falten aus Sandstein und Kies trennen einzelne Becken. Ein Anzeichen dafür, dass seit kurzem eine tektonische Erneuerung begonnen hat.

**Doppelseite 42/43: LEBENDER HANG. Bayan Olgyi Aymag. Mongolei**

Der Hang über dem See ist instabil: oben zahlreiche parallele Rinnen, die bei jedem Regen kleine Kies- und Schlammbäche speisen, auf halber Höhe die helle Kante eines schwerkraftbedingten Abbruchs.

# GEKIPPTE PLATTE

### Ak Aral, Uvs Aymag, Mongolei

Unter unseren Füßen liegt sehr altes Gestein: mehrere hundert Jahrmillionen alter rosafarbener Granit, vom Frost gesprengt. Sehr alt sind auch die dunklen, nackten Felsen hinter dem noch gefrorenen See. Sie werden von keinem jüngeren Sediment verdeckt, außer von den ganz feinen Ablagerungen am Ufer des Sees, und wurden von der Erosion so stark abgetragen, bis eine flache, leicht gewellte Ebene entstand, eine Rumpffläche. Auf den ersten Blick stehen wir vor einer erdgeschichtlich alten Landschaft, einer, die man für tot halten könnte. Endgültig. Doch verraten das vollständige Fehlen von Sedimenten und die Unebenheit der Oberfläche, dass dem nicht so ist. Der See liegt übrigens auf fast 2000 m Höhe und das schneebedeckte Gebirge auf über 3500 m. In Wirklichkeit hebt sich die ganze Landschaft, die uns vor Augen liegt. Deutlichstes Zeichen für diese Bewegung ist die durch den Schnee betonte Neigung, die man bis zum Gipfel des Berges verfolgen kann. Das Kippen dieser Platte ist tektonisch bedingt. Es hat »eben erst« begonnen. Höchstens vor einigen Jahrmillionen. Hinter dem Kamm hebt eine Aufschiebung das alte Gestein und die Oberfläche der Platte, die ursprünglich waagrecht war und sich nun immer stärker neigt, insgesamt an.

**BAYAN OLGYI, Mongolei**

Ein schneebedecktes Plateau ragt hinter den roten Granitspitzen auf: Dieser Kontrast ist typisch für die Landschaften der westlichen Mongolei.

AKTIVE VERWERFUNG. Hovd Aymag, Mongolei

Bis »vor kurzem« lag der Gipfel des Gebirges auf gleicher Höhe mit der Steppe, auf der die Pferde weiden ... bevor er von einer Überschiebung um 1000 m gehoben wurde. Deren Spur kann man auf halber Höhe, wo die Kegel beginnen und die Schluchten aufhören, erahnen.

STEPPE IM SOMMER. **Arkhangay, Mongolei**

In den Steppen der Zentralmongolei findet man im Sommer das nahrhafteste Weideland der Welt. Ein Paradies für die Nomaden und ihre Herden. Mit der Urga, einer Lassostange, können die widerspenstigen Pferde nach Hause zurückgetrieben werden.

# HOCHLAND-BECKEN

## Kayirti, Altai, Sinkiang

Das friedliche, von trockenen Hängen umgebene Weideland der kleinen Ebene von Kayirti ist ein beliebter Rastplatz der kasachischen Nomaden. Als Mittelgebirgsoase und Zwischenstopp auf dem Weg der Wanderhirten, beschattet von hohen Weiden und Pappeln, ist es Treffpunkt und Festplatz. Von Frühjahr bis Herbst wimmelt es hier von Menschen und Tieren: Kamele, Pferde, Schafe und Ziegen, außerdem natürlich Hunde, gewöhnlich bissige Riesenköter, und angekettete Steinadler mit Hauben. Am Ende des Sommers wird der Rastplatz genutzt, um neuen Filz herzustellen, der dicht und warm ist und im Winter die Jurten bedecken soll. Die Lagen aus gekämmter Wolle werden zuerst gewässert und auf Rundholzstämme gewickelt, die von den Pferden im nassen Gras herumgezogen werden. Der entstandene Teppich wird in der Sonne unter den Ellenbogen der ganzen Familie gepresst und aufgerollt. Ohne dass die Nomaden sich dessen bewusst sind, ist die Existenz dieser bewässerten, fruchtbaren kleinen Insel mit einer großen aktiven Verwerfung verbunden, der Verwerfung von Fuyun. Erdbeben für Erdbeben versperrt sie ein wenig mehr den Lauf des Irtysch, der weiter nördlich im Altai entspringt. Diese wiederholte Bewegung vergrößert das kleine Sedimentauffangbecken allmählich. Der Preis dafür sind hundert Sekunden Naturkatastrophe alle zweitausend Jahre. Aber die Kasachen in ihren Jurten haben weniger zu befürchten als die Sesshaften, die in festen Gebäuden leben.

# FLACHGEBIRGE

**Bayan Olgyi, Hovd Aymag, Mongolei**

Eine Nomadenfamilie bahnt sich ihren Weg durch Gebüsch und Riedgras. Beim Wechseln des Lagerplatzes werden Jurte, Möbel und Vorräte fest zwischen den beiden Höckern jedes der fünf Kamele verschnürt. Ein Tag reicht aus, um die 20 km zwischen den besten Weidestellen zurückzulegen, aber man muss sich durch das Labyrinth der kleinen Kämme aus Hartgestein hindurchschlängeln, die die Oberfläche der Rumpfebene durchbrechen. Das Gebirge im Hintergrund, das die herbstliche Landschaft überragt, ist von einem Plateau gekrönt, das bereits schneebedeckt ist. Nach geologischer Zeitrechnung lag diese Hochfläche gestern noch auf einer Höhe mit der Rumpfebene, auf der sich die Karawane bewegt. Sie war ein Teil davon. An der Grenze zwischen China und der Mongolei, vor allem im Goy Altay, haben fast alle Gebirge, die sich unter der Wirkung des Drucks aufzutürmen beginnen, den Indien 3000 km weiter südlich ausübt, solch flache Gipfel. Es sind kleine Krustenstücke, die von Verwerfungen gehoben werden, welche aus einem 300 Jahrmillionen langen Schlaf erwacht sind. Sie zeigen noch deutlich, woher sie kommen. Jede der Hochflächen wird rasch kleiner, bedrängt von den Schluchten, die sich von allen Seiten ihren Weg zur Mitte bahnen; die noch bestehende Größe des Bergplateaus verrät jedoch, wie jung diese auferstandenen Erhebungen sind.

VERJÜNGTE RUMPFFLÄCHE. Hovd. Mongolei

Im Licht der Abendsonne schlängeln sich der Reiter und sein Kamel durch alte metamorphe Ruinen. Hinter den niedrigen Kämmen erhebt sich ein Gebirge, das von einem Plateau gekrönt ist: das Zeichen für die Verjüngungskur, welche die Stoßkraft Indiens dieser Landschaft zuteil werden lässt.

Doppelseite 54/55: STEPPE IM WINTER. Zumnod. Mongolei

Selbst im Winter können die Schafe das gelb gewordene Gras abweiden, das noch unter dem Schnee zu finden ist. Aber während der *dzuds*, jener schrecklichen Winter, in denen die Schneedecke zu dick und lange gefroren ist, sterben sie manchmal zu Tausenden.

NOMADENHIRTEN. Arkhangay, Mongolei

Die mongolische und tibetische Steppe gehört dem Pferd. Hier hat sich diese Tierart entwickelt, hier tummelt sie sich in riesigen, halbwilden Herden. Das Pferd ist bis heute das bevorzugte Reittier der mongolischen und kasachischen Hirten.

Doppelseite 58/59: FARBSPIEL. Oytag, Sinkiang

Hinter der Pappeloase von Oytag werden die Ausläufer des Pamir von seltsam geformten Platten aus zinnober- und karminrotem Sandstein verteidigt. Die leuchtenden Farben kommen von der Oxydation des Eisens, einer Veränderung, die viel Zeit braucht. Hier fast 140 Millionen Jahre.

# Werkstatt Erde

# WERKSTATT ERDE

Welten auf anderen Planeten können wir uns nach wie vor nur vage vorstellen. Diejenigen, die man in letzter Zeit um ferne Sterne entdeckt hat, erwecken Neugierde, aber es sind nur Phantome. Sie werden es lange bleiben. Und ihre Oberfläche noch viel mehr, bestenfalls Science-Fiction-Träume. Wird man dort Hochgebirge finden, die mit dem Himalaja oder den Rocky Mountains vergleichbar sind? Vielleicht nicht ... Wir sollten unseren Gebirgen deshalb mehr Aufmerksamkeit schenken. Bewundern wir sie! Sie sind möglicherweise einzigartig ...

Selbst in unserem Sonnensystem muss man mittlerweile eingestehen: Der Planet Erde ist heute der einzige große Architekt von Gebirgen. Genauer gesagt Gebirgsketten. Denn natürlich gibt es Erhebungen auf dem Mars, der Venus, dem Mond, auf Io oder anderen großen Satelliten von Jupiter, Saturn und weiteren gasförmigen Riesensternen. Sehr hohe sogar, aber fast immer um Krater – entweder Einschlags- oder Vulkankrater – herum ... Keine Gebirgsketten auf dem Mars, keine Kordilleren, die über Tausende von Kilometern gehen. Und auf der Venus nur einige alte Falten. Warum also diese Besonderheit, die unseren Planeten zu einer einzigartigen Welt macht, die vielfältiger ist als die anderen?

*Das Wort Gebirgskette wird oft falsch verwendet. Manche benützen es zur Bezeichnung der mittelozeanischen Rücken oder der großen kontinentalen Grabenbrüche. Während jedoch Vulkane und Basalthochebenen künstliche Aufsätze sind, die man unechte Gebirge nennen kann, könnte man die mit Rücken oder Grabenbrüchen zusammenhängenden Erhebungen als »Gegen-Gebirge« bezeichnen, da der Mechanismus, der zu ihrer Entstehung führt, zuallererst eine negative Erhebung erzeugt, nämlich durch Einbrechen. Ein Grabenbruch ist zunächst eine tiefe Rinne, die immer weiter absinkt, bis es von Seen überschwemmt wird (etwa dem Baikalsee oder dem Tanganjikasee), später vom Meer (dem Roten Meer). Natürlich gibt es unechte und Gegen-Gebirge auch auf dem Mars, der Venus und vielen anderen Himmelskörpern, da der Vulkanismus im Universum etwas fast Banales ist ...*

## PLATTENTEKTONIK: WÄRME UND WASSER

Ein kleiner geophysikalischer Abriss genügt, um die Besonderheit der Erde zu verstehen. Zwei Aspekte sind von Bedeutung. Die Erde ist warm. Und ihre Oberfläche ist mit Wasser bedeckt. Sie ist groß genug, um viel von ihrer ursprünglichen Wärme bewahrt zu haben und noch viel Wärme zu produzieren. Sie ist weder zu weit weg noch zu nahe an der Sonne, sondern in dieser wundersamen »Ökozone«, die stets für flüssiges Wasser an der Oberfläche sorgt. Seit ihrer Entstehung vor 4,5 Milliarden Jahren ist sie eine stabile thermische Maschine. Ausreichend geheizt, wirksam gekühlt. Sie arbeitet ohne Pausen, wie ein geölter, gut eingestellter Motor, der nie abstirbt und keine Fehlzündungen hat. Auf dem Mars war die Vulkantätigkeit zu geringfügig und hörte bald auf. Auf der Venus, der Zwillingsschwester der Erde, dauerte sie lange an. Aber ungeordnet, wobei ein höllisches Chaos entstand, das die Atmosphäre verschleierte. Die Venus verlor ihr Wasser.

Der Wärmetransport, der den Motor der Erde in Gang hält, läuft hingegen außerordentlich geregelt ab. Vom Erdmittelpunkt mit fast 5000 °C bis zur abgekühlten Oberfläche mit durchschnittlich 20 °C wird er von der Schwerkraft gesteuert. Temperaturunterschied bedeutet Dichteunterschied. Was warm und somit leicht ist, steigt auf. Wie Heißluftballons. Was kalt und somit von hoher Dichte ist, sinkt ab. Diese Aufwärts- und Abwärtsbewegungen finden in Strömen statt, so genannten Konvektionsströmen. Es sind umfangreiche, nie stillstehende Ströme, die mit einer Geschwindigkeit in der Größenordnung von 10 cm pro Jahr langsam den ganzen Erdmantel umwälzen.

*Trotz dieser mächtigen Umwälzbewegung ist der Erdmantel unter der Lithosphäre, der sehr heiß ist (über 1200 °C), aber unter hohem Druck steht (über 30 000 Atmosphären), nicht flüssig. Anders als man oft glaubt. Er ist lediglich ein verformbarer Festkörper. Sein (plastisches) Verhalten ist vergleichbar mit dem von Eisen, wenn es geschmiedet wird.*

Die äußere Hülle der Erde, die Lithosphäre, hat sich teilweise deshalb verfestigt, weil sie vom kalten Wasser der Meere »abgeschreckt« wurde, in der metallurgischen Bedeutung des Worts. Sie ist in Platten zerbrochen. Ein Dutzend bekannter Hauptplatten und einige kleinere. An der Oberfläche eines Mantels, der durch die Konvektion ständig umgewälzt wird, müssen diese bewegungshemmenden Platten zwangsweise »wackeln«. Sie verschieben sich, entfernen sich voneinander, nähern sich wieder an. Dies ist die Plattentektonik.

Die Plattengrenzen sind schmal, räumlich eng begrenzt und ziehen sich über Tausende oder Zehntausende von Kilometern hin. Ohne Unterbrechung. Sie sind bemerkenswert stabil und können Dutzende von Jahrmillionen oder länger durchgehend »funktionieren«. Warum diese starke örtliche Festlegung und diese lange Lebensdauer? Zunächst wegen des Wassers, zu dessen Eigenschaften es gehört, dass es Gestein erweicht und leichter schmelzen lässt. Vor allem aber, weil die ozeanische Lithosphäre sich unaufhörlich unter die kontinentale Lithosphäre schiebt. Durch das Schmelzen des Erdmantels entlang der mittelozeanischen Rücken – Basaltspalten, an denen die Platten sich in der Mitte der Ozeane auseinander bewegen –, wird sie ständig neu aufgebaut und taucht entlang anderer Zonen (Subduktionszonen, von lateinisch *subducere*: darunterführen) wieder in den Erdmantel ein. Bei alledem bleibt die Oberfläche gleich. Wie man beim Beobachten der unaufhörlichen Bewegungen der dünnen, verfestigten Kruste von Lavaseen feststellt, sorgt der Stillstand dieser Zonen, wo Oberfläche entsteht beziehungsweise verschwindet, für eine hohe Bewegungsstabilität. In der Mitte und an den Ufern der Meere jedenfalls. Die Entstehung einer neuen Plattengrenze ist so selten, dass man nur mit Mühe zwei oder drei aktuelle Beispiele findet. Das Plattenmosaik und die Bewegungen sind also relativ festgelegt, und diese Ordnung an der Oberfläche trägt zur Erhaltung der Ordnung in der Tiefe bei.

Die Plattentektonik macht die Dynamik unseres Planeten einzigartig. Obwohl die Meinungen der Geologen, die sich auf die Erforschung der Kindheit der Erde spezialisiert haben – einer geheimnisvollen Zeit, von der nur noch wenige Zeugnisse existieren –, hier nicht alle übereinstimmen, war diese besondere Funktionsweise wahrscheinlich bereits ein Geburtsgeschenk. Ebenso wie das Weltmeer, von dem man jetzt weiß, dass es fast augenblicklich entstand, in einigen Dutzenden Jahrmillionen ... Eine Funktionsweise, die von der Existenz dieses Meeres bestimmt wird. Ohne Hülle aus flüssigem Wasser keine Plattentektonik. Zumindest ist dieser geordnete und dauerhafte Mechanismus auf keinem unserer Nachbarplaneten zu beobachten.

*Die Strukturen mancher archäischer Gesteine (älter als 3 Milliarden Jahre) wurden als Ergebnis von Verformungen gedeutet, die mit der Plattentektonik, wie wir sie kennen, nicht vereinbar sind. Aber die Geochemie der ältesten Zirkone (älter als 4,2 Milliarden Jahre) steht im Einklang mit den heute beobachteten Zyklen. Der Motor der jungen, noch wärmeren und dynamischeren Erde drehte sich vielleicht schneller, aber sicherlich nicht anders.*

## KONVERGENZ UND SUBDUKTION

Da die Gebirgsketten direkt oder indirekt durch die Plattentektonik erzeugt werden, ist es logisch, dass nur die Erde so viele Gebirge aufweist, während man anderswo kaum welche findet ... Der zugrunde liegende Mechanismus ist sehr einfach, das Thema – mit einigen Variationen – grundsätzlich das gleiche.

Eine Gebirgskette entsteht nur da, wo sich zwei Platten oder, in kleinerem Maßstab, zwei große Blöcke der Erdkruste einander nähern (konvergieren). Ohne horizontale Konvergenz kein vertikales Wachstum: Die aufwärts strebende Dynamik von Felsen und Reliefs in den Gebirgen beruht auf der Umwandlung einer horizontalen Verkürzung in eine Steigbewegung. Echte Gebirge schießen nicht wie Pilze aus dem Boden, ohne dass sich etwas in der Umgebung verändert, wie man es leider immer noch in vielen Animationen sieht.

Ein offensichtlicher Erklärungsansatz? Nicht unbedingt. Noch vor dreißig Jahren standen andere, ältere Ideen hoch im Kurs. Manche vertraten die Theorie, es gebe tief hinabreichende senkrechte Kolben, denn sie allein könnten diese gewaltigen Felsmassen in die Höhe treiben!

Wenn zwei Platten sich einander nähern, schiebt sich irgendwann die eine unter die andere. Eine andere Möglichkeit gibt es nicht. Logischerweise ist die Platte, die abtaucht und wieder in den Erdmantel einsinkt, diejenige mit der größeren Dichte, also die kältere. Die Platte, die mehr Zeit zum Abkühlen hatte: die ältere. Diese Stellen – die Subduktionszonen – sind daher die wichtigsten Gebirgsbildungsstätten. Um ein langes und breites Gebirge zu bauen – der Himalaja und die Anden sind 2500 beziehungsweise 7000 km lang und zwischen 200 und 400 km breit –, braucht es natürlich Zeit. Kein Problem in der Plattentektonik. Da die Subduktion an einer konvergierenden Grenze Dutzende von Jahrmillionen andauern kann, ist alle Zeit vorhanden, um so gewaltige Gebirgsketten zu bauen wie die, die wir kennen.

Die Subduktion als die Werkstatt, in der die Gebirge gebaut werden? Ja und nein ... Ganz so einfach ist es nicht. Zunächst muss gesagt werden, dass die normalen (ozeanischen) Subduktionszonen im Allgemeinen nicht wirklich Gebirge herstellen. Zwar sind sie am längsten, am zahlreichsten und am schnellsten, denn die ozeanische Lithosphäre, die fast immer eine höhere Dichte hat als die kontinentale – deren dicke Kruste so leicht ist wie ein Korken –, ist generell »bereit« zum Absinken: die Marianen, die Philippinen, Japan, Kamtschatka, die Aleuten, Sumatra-Java, die Antillen ... Aber an keiner dieser typischen Subduktionszonen, an denen große Abschnitte der Lithosphäre des Pazifiks, des Indischen Ozeans oder des Atlantiks abtauchen, findet sich eine hohe Gebirgskette. Lediglich Aneinanderreihungen von Inseln, aus dem Meer ragende Vulkangipfel oder durchgehende Gürtel aus jüngeren oder etwas älteren aktiven Vulkanen, die sich am Rand eines Kontinents häufen. Die ozeanischen Subduktionszonen bauen also im Allgemeinen nur unechte Gebirge. Die meisten ozeanischen Platten tauchen nämlich schnell und leicht vollständig ab, und ihre dünne, mit Wasser durchtränkte Basaltkruste schmilzt in hohem Maß, wenn sie durch die Tauchbewegung in die Hitze des Erdmantels hineingezogen wird.

## GEBIRGSFABRIK KOLLISION

Anders ist es, wenn ein schwimmendes Stück Kontinent in eine Subduktionszone hineingezogen wird. Nehmen wir Indien als Beispiel. Früher eine große Insel, wie es heute Australien ist, am Südrand eines mittlerweile verschwundenen Meeres. Eines Meeres, das die Geologen Thetismeer nennen, nach einer Nymphe aus der griechischen Mythologie (Tochter des Nereus und Mutter Achills); ein letzter Überrest davon, der bereits im Verschwinden begriffen ist, findet sich nördlich von Libyen und Ägypten im Osten des Mittelmeeres.

*Denken wir daran, dass die Grenzlinien zwischen Kontinenten und Meeren im Allgemeinen keine Plattengrenzen sind. Die indische Platte etwa umfasste früher auch die Lithosphäre des Thetismeeres im Norden des indischen Subkontinents. Heute gehört die nördliche Hälfte des Indischen Ozeans zu ihr. Denken wir auch daran, dass die Lithosphäre nicht die Erdkruste ist. Sie besteht zunächst aus einer dicken Schicht (typischerweise 75 bis 100 km) aus erkaltetem Mantelmaterial; darüber liegt entweder, vereinfacht beschrieben, eine dünne ozeanische Kruste (etwa 6 km) aus Basalt von hoher Dichte oder eine dickere kontinentale Kruste (etwa 30 km) aus leichtem Granit. Dieser für die Erde charakteristische Grundunterschied zwischen Kontinenten und Meeren ist eine direkte Folge der Plattentektonik.*

Über Dutzende von Jahrmillionen schob sich die Lithosphäre des Thetismeeres unter den Rand Asiens und zog die indische Insel nach Norden. Während dieser ganzen Zeit gab es in diesem Abschnitt Asiens viel Vulkanismus, große Granitaufstiege, aber keine echten Gebirge. Die Gebirgsmaschine beginnt erst in dem Moment wirklich zu arbeiten, als der Rand Kontinentalindiens mit dem Rand Asiens in Berührung kommt. Dies ist der Anfang der Kollision. Anders als es meist geschieht, wenn ein kleiner Gegenstand frontal auf einen größeren trifft, stoppt der Stoß am Anfang nicht die Bewegung. Er verlangsamt sie nur. Die indische Lithosphäre schiebt sich weiter darunter. Eine Unterschiebung, die man logischerweise »kontinentale Subduktion« nennt. Aber die 30 km dicke Kruste Indiens stellt sich dagegen. Sie ist zu leicht. Wieder eine Frage der Dichte.

Statt dem abwärts fahrenden Förderband ihres eigenen Mantels zu folgen, bleibt sie an der Oberfläche und scheuert am Rand der asiatischen Platte entlang. Man stelle sich einen Hobel vor (Asien), der auf ein Stück Holz trifft (Indien) und einen großen Hobelspan abschneidet (ein Stück Indien). Dies geht sehr einfach, denn die Kruste der Kontinente ist nicht sehr fest mit dem Mantel verbunden. Die Granitfelsen an der Basis der Kruste sind so heiß, dass sie nur wenig Widerstand leisten. Es ist leicht, eine Scheibe Käse vom Brot zu ziehen, wenn viel Butter dazwischen ist. Das verhältnismäßig geringe Gewicht und die fehlende Haftung der kontinentalen Kruste am Mantel sind die beiden Schlüssel für den Bau der Gebirge. Die Folge: Alle Gebirgsketten der Erde bestehen im Wesentlichen aus Stücken kontinentaler Kruste. Und es gibt kein echtes Gebirge, das nur aus Stücken ozeanischer Kruste besteht.

*Die Grenzlinie zwischen Kruste und Mantel bei den Kontinenten ist eine chemische Trennfläche zwischen zwei sehr verschiedenen Gesteinsarten, die man Mohorovičić-Diskontinuität oder kurz Moho nennt, nach dem kroatischen Geophysiker, der sie vor knapp einhundert Jahren entdeckte. Die obere Gesteinsschicht enthält mehr Silizium und ist granitartig. Die unter der Trennfläche liegende enthält mehr Eisen und Magnesium (Peridotit). Beim Durchtritt durch diese Fläche steigt die Geschwindigkeit der schnellsten Erdbebenwellen (P-Wellen) abrupt von etwa 6 auf 8 km/s, während die Dichte von 2,7 auf 3,2 zunimmt. Die »normale« kontinentale Moho befindet sich 30–35 km unter uns. Bei einem Kontinent, dessen Oberfläche direkt über dem Meeresspiegel ist. In einer Zone mit einigen Kilometern Dicke über der Moho führt der normale geothermische Gradient – also der Temperaturanstieg mit zunehmender Tiefe – zu Temperaturen um 600 °C, bei denen sich das granitartige Gestein leicht verformt (daher der Vergleich mit der Butter). In dieser Tiefe lösen sich Kruste und kontinentaler Mantel voneinander.*

Der Hobelspan vom Anfang, ein erstes abgetrenntes Stück Kruste, hat keine andere Möglichkeit, als auf die weiter südlich noch unbeschädigte indische Kruste zu »klettern«, sie zu überschieben. Die erste große Überschiebungsverwerfung des Himalaja ist geboren. Durch das Hinaufklettern des Krustenstücks beginnt die Umwandlung der Konvergenz in eine Steigbewegung. Kein Gebirge ohne Überschiebung; nur diese Form der Verwerfung bringt diese Umwandlung hervor. So sind kurz nach der Kollision alle Rädchen der Maschine am Platz. Das Rohmaterial auch. Das Fließband läuft an. An die Stelle des Meeres ist eine schmale Nahtstelle getreten, auf der sich Bruchstücke aus Mantelmaterial und Basaltkruste sammeln. Und die Kruste des Kontinents, die zur abtauchenden Platte gehört, beginnt dicker zu werden.

Man könnte meinen, es sei alles klar ... Doch nein, denn während die ozeanische Subduktion »wie geschmiert« funktioniert, kann die kontinentale Subduktion – und damit die Gebirgsproduktion – nicht kontinuierlich ablaufen, ohne sich auf die Veränderungen einzustellen, die das Anwachsen einer Gebirgskette mit sich bringt. Da gibt es Stöße, Sprünge und Wanderungen unter der unerbittlichen Diktatur ... der Schwerkraft. Dieser Kraft, der niemand entgehen kann, vor allem nicht die Berge mit ihrem Gewicht.

## HÖHENPRODUKTION

Die Gebirge sind hoch, was sonst. Aber warum haben sie gerade die Höhe, die wir kennen? Etwas über 4000 m bei den Alpen, dem Kaukasus, dem Zagros oder dem Altai. Etwas über 8000 m beim Himalaja. Etwas über 6000 m bei den Anden, dem Tian Shan, dem Kunlun Shan oder in Alaska. Warum sind sie nicht höher?

Nehmen wir wieder das Beispiel des Stückchens Kruste, das begonnen hat, sich über Kontinentalindien zu schieben. Da es sich direkt über der Basis der Kruste vom Mantel gelöst hat, beträgt seine Dicke etwa 30 km. Wenn sich die Überschiebung einfach fortsetzen würde, würden sich also um die 30 km Kruste über Indien auftürmen. Das Ergebnis wäre ein Gebirge von 30 000 m Höhe! Offensichtlich ist dies nicht der Fall.

Gebirge verhalten sich nämlich ein bisschen wie Eisberge im Meer. Eis ist etwas leichter als Wasser und schwimmt. Aber jeder weiß, dass der verborgene, unter Wasser liegende Teil der Eisberge viel größer ist als der herausragende Teil. Und zwar umso größer, je höher der andere Teil aus dem Wasser ragt. Druckgleichgewicht, Hydrostatik, Archimedisches Prinzip ... Genau diese Gesetze gelten auch in der Geophysik. Hier spricht man von Isostasie. Die leichtere kontinentale Kruste schwimmt gewissermaßen auf dem dichteren Mantel. Wie bei den Eisbergen wird die Höhe eines Gebirges isostatisch durch ein Gegenstück unter der Erde ausgeglichen, das umso tiefer hinabreicht, je höher das Gebirge ist.

*Bei einer kontinentalen Kruste, deren Durchschnittshöhe in der Nähe des Meeresspiegels liegt, befindet sich der tiefste Punkt des Eisbergs – die Moho, die Trennfläche zwischen Kruste und Mantel – in etwa 30 km Tiefe. Das Verhältnis zwischen Gebirgshöhe und Tiefe der Moho hängt allein vom Verhältnis zwischen der Dichte der Kruste und des Mantels ab. Bei einer geringen Erhebung mit einer Durchschnittshöhe um*

*2000 m geht die Moho bis auf knapp 45 km hinunter. Unter einer Gebirgskette von etwa 5000 m Höhe bis ungefähr 70 km.*

Dies geschieht auch bei dem Stück indischer Kruste, das in die Höhe klettert und sich über Indien auftürmt. Es kommt in etwa zu einer Verdoppelung der Krustendicke. Durch die Isostasie kehrt alles ungefähr ins Normalmaß zurück. Keine Gebirge mehr, die viermal höher sind als der Himalaja, da eine Moho in 70 km Tiefe einer Gebirgskette mit einer Durchschnittshöhe um 5000 m entspricht. Die Größenordnung wird wieder plausibel. Denn die Achttausender der Himalajakette sind durch tiefe Täler getrennt, was die echte Gebirgsmasse stark reduziert, wenn man den Durchschnittswert bildet. Bei den Gebirgen befindet sich der größte Teil der Krustenverdickung also unter der Erde. Vorausgeahnt hat dies bereits 1740 Pierre Bouguer, der Vater der Isostasie-Theorie, nachdem er am Fuße der Anden die Abweichung eines einfachen Senklots von der Vertikalen beobachtet hatte.

Seit sie über hundert Jahre später von Georges Airy auf eine Formel gebracht wurde, ist die Isostasie-Theorie bis heute eine der Säulen der Geophysik. Allerdings mit starken Anpassungen. Der Vergleich mit den Eisbergen stimmt nämlich nicht ganz, denn ein Eisberg ist im Wasser frei beweglich. Eine Gebirgskette hingegen hängt mit den umliegenden Regionen zusammen. Die lokale Isostasie vom Typ Eisberg muss also durch eine »regionale« Isostasie ersetzt werden, die diesen Zusammenhalt berücksichtigt. Stellen wir uns noch einmal das abtauchende Indien vor. Wie ein Federblatt neigt sich die abtauchende Platte unter dem enormen Gewicht des Stücks Kruste, das sich über sie schiebt – ungefähr 4000 Milliarden Tonnen pro km Gebirgskettenlänge bei einem Krustenstück von 100 km! Durch diese Neigebewegung verteilt sich der isostatische Ausgleich für das Gebirge auf eine große, quer zur Gebirgskette liegende Region. Die ganze Platte trägt also das Gewicht. Im Gegenzug entsteht vor dem Gebirge ein so genanntes Vorlandbecken. Ein richtiger Graben, und zwar dort, wo Indien am stärksten nach unten gedrückt wird: das Gangesbecken. Solche Vorlandbecken säumen die meisten Gebirgsketten. Neben der Indus- und Gangesebene südlich des Himalaja sei noch das Donaubecken nördlich der Alpen genannt; oder die Poebene nördlich des Apennins; und Mesopotamien südlich des Zagros, um nur vier zu erwähnen. Diese großen Senken, die oft bis zu mehrere tausend Meter tief sind, nehmen einen Großteil des Schutts auf, der dem Berg durch die Erosion genommen wird. Denn man darf nicht vergessen: Auch die Erosion der Gipfel trägt dazu bei, die Höhe der Gebirge zu verringern.

## SACHZWÄNGE: DIE BREITE DER GEBIRGE

Unter den meisten Gebirgen zeigt eine Messung der Moho-Diskontinuität (50–70 km) maximal eine Verdoppelung der Krustendicke. Auch die Entstehungstiefe der meisten heute freiliegenden Gesteine, die anhand von Temperatur und Druck feststellbar ist, denen die Mineralien ausgesetzt waren, liegt kaum höher. Außer an einigen wenigen Orten. Aber warum sollte sich bei der Kollision normalerweise nur das Doppelte der normalen Krustendicke aufhäufen und nicht das Drei- oder Vierfache? Darum, weil es neben Isostasie und Erosion tatsächlich eine Obergrenze zu geben scheint.

Auf einer Leiter oder einem Hang immer höher zu steigen ist anstrengend. Man muss gegen die Schwerkraft ankämpfen, die alles nach unten zieht. Die Anstrengung – oder Arbeit – des Mountainbikers, der die Serpentinen eines Passes hinaufstrampelt, wird in Form von potentieller Energie gespeichert, so genannter Schwerkraftenergie, die zunimmt, je höher er kommt. Wenn er auf der anderen Seite im Freilauf wieder hinunterfährt, gibt er diese Energie, dieses Kapital wieder aus. Es verwandelt sich in Bewegungsenergie und treibt ihn an, diesmal ohne dass er sich anstrengen muss. Selbst der beste Radfahrer hat jedoch seine Grenzen und kann nicht immerzu bergauf fahren. Ebenso ist es bei den Bergen. Die tektonischen Kräfte, die das Gestein in die Atmosphäre hinaufschieben – oder die leichte Kruste in den Mantel hineindrücken –, arbeiten gegen die Schwerkraft. Riesige Mengen potentieller Energie sind in der Höhe und Tiefe gespeichert. Selbst in den Kollisionszonen mit der größten Dynamik beginnt die Energie, die zur Verfügung steht, um die Gipfel noch höher zu schieben, irgendwann zu schwinden. Im Allgemeinen reicht sie aber noch aus, um die niedrigeren Regionen des Vorlands etwas anzuheben. So kann die Konvergenz sich fortsetzen.

Statt immer höher zu werden, neigen Gebirgsketten also dazu, breiter zu werden, was leichter ist. Und wieder legt die Schwerkraft die Grenzen fest. Die wichtigste Folge ist, dass Überschiebungen am Rande von Gebirgsketten dazu tendieren, in Richtung Vorland zu wandern. Und zwar in Sprüngen. Typischerweise erschöpft sich eine erste Überschiebung irgendwann, wenn sie das kanonische Alter von 10–15 Millionen Jahren erreicht hat. Sie ist es müde, das Gestein immer höher zu heben, und gibt die Stafette weiter. An ihre Stelle tritt eine jüngere Überschiebung, die vor der bereits hohen Gebirgskette ein neues, noch intaktes Stück Kruste löst. Diese zweite Verwerfung hebt die erste, und das Gestein, das diese in der Tiefe zerkleinert, gefaltet und gewalzt hat, wird durch die Erosion nach und nach freigelegt. Dieses metamorphe, also durch Hitze, Druck und Deformation veränderte Gestein findet man im Zentrum der Gebirgsketten (Schiefer, Marmor und Gneis sind die bekanntesten) in den so genannten internen Zonen, während die Handlung sich weiter vorne fortsetzt, in den so genannten externen Zonen.

Dieses Naturgesetz wird überall befolgt. Im Himalaja, in den Alpen oder anderswo. Man sieht die Entwicklung, wenn man vom »kristallinen« (also internen) Hohen Himalaja, an dessen Fuß der zerkleinerte Gneis von der ersten Überschiebung (*main central thrust* oder MCT) zutage tritt, die den Mount Everest, den Annapurna und die benachbarten Berge in die Höhe gehoben hat, bis zu den »externen« Bergketten der Siwaliks herabsteigt; dabei durchquert man das nepalesische Mittelland, unter dem die aktive Überschiebung abtaucht (MFT oder *main frontal thrust*), die heute Kathmandu nach oben befördert. Oder auch wenn man von den »internen« italienischen Alpen (Monte Rosa, Matterhorn, Gran Paradiso) und den »externen« kristallinen Massiven (Berner Oberland, Montblanc, Oisans) bis zu den Voralpen und dem Jura wandert. Selbst in Taiwan, einer kleinen, sehr jungen Kollisionszone am Rande Chinas, die aber sehr aktiv ist, wie 1999 das große Erdbeben von Chi-Chi zeigte, sieht man, wie sich die aktivsten Überschiebungen bereits in Richtung Vorland bewegen. Kein Wunder. Die zentrale Gebirgskette auf der Seite des Pazifiks erreicht ja schon fast 4000 m Höhe.

## WACHSTUM IN SCHÜBEN

Alle Gebirge sind Kinder von Erdbeben. Wie im menschlichen Leben findet ihr Wachstum in Schüben statt, die zwar selten, aber heftig sind. Einige Meter bei jedem großen Beben. Ein oder zwei Beben pro Jahrtausend. Diese geringfügigen Hebungen häufen sich allmählich. Die typische Hebungsrate eines Gebirges beträgt einige Millimeter pro Jahr, also einige tausend Meter pro Jahrmillion, etwas weniger an den Stellen, wo die Erosion sehr stark ist.

Diese Erdbebenstöße sind es, die die offene Steppe zerreißen und Stück für Stück die gleichmäßigen stromlinienförmigen Falten am Fuß der zentralasiatischen Gebirge hervortreten lassen. Der Mechanismus, den man hier am Werk sieht, ist die oben beschriebene Bewegung; sie bestimmt die Verbreiterung einer schon voll entwickelten Gebirgskette. Zunächst breitet sich eine junge Überschiebung in der Tiefe unter den mächtigen Sedimentablagerungen des Gebirgsfußes aus, dann tritt sie weiter vorne an die Oberfläche und lässt dort neue Bergketten entstehen, wo es bisher nur flache Schwemmkegel gab. Diese Art von Geburt, die am häufigsten vorkommt, ist eigentlich eine Form des Klonens. Das ursprüngliche Gebirge existiert bereits. Es bekommt nur einen Ableger, der die Fläche der angrenzenden Ebene verringert.

Die Beispiele für eine echte Geburt in Gebieten, wo im Umkreis von Hunderten von Kilometern alles flach ist und anfangs noch gar kein Berg steht, sind viel seltener. Wer jedoch beim Flug über die Grenzen Chinas und der Mongolei mit geschärftem geologischem Blick die Landschaft unter sich betrachtet, sieht einige verräterische Zeichen dafür.

Die Wüste Gobi, eine eher mit Kies als mit Sand bedeckte Ebene, nimmt den Hauptteil dieser großen Region ein. Manchmal ist die Kiesschicht so dünn, dass sie kaum das anstehende Gestein verdeckt: einen alten, tiefen Sockel ohne frisches Make-up mit vertikalen Lagen und Granitplutonen, welche durch die in alle Richtungen gefalteten Schichten dringen. Ein Sockel, dessen Oberfläche lange gehobelt und geglättet wurde. Dies nennt man eine Rumpffläche, in der es kaum Erhebungen gibt. Platte Eintönigkeit prägt die Szenerie, selbst über dem harten Gestein. Beim Wechsel der Jahreszeiten, wenn es auf den Höhen noch oder schon wieder kalt ist, offenbart die nur dort liegende Schneeschicht seltsame Formen, Berge mit plateauförmigen Gipfeln. Von oben ähneln sie Inseln, und ihre Ränder erinnern an Meeresufer. Es sind Tafelberge: Barköl Tagh, Gichgeniyn Nuruu, Ikhe Bogdo ... zum Teil bereits 3000 beziehungsweise fast 4000 m hoch.

Völlig flach und aus dem gleichen harten, Gestein geformt wie die umgebende Rumpffläche? Einzig mögliche Deutung: Die Hochplateaus sind Blöcke der Rumpffläche, die sich im Ganzen gehoben haben. Gewöhnlich ist eine Seite des Plateaus von einem steileren Hang begrenzt, am Fuße dessen eine Verwerfung läuft; diese gehört zu dem alten Netz, das den Sockel der Rumpffläche durchzieht. Der Plateaueindruck dieser »niedrig erscheinenden« Berge – obwohl die gesamte Gegend bereits um 1500 m hoch liegt – wird nirgends deutlicher als im Südwesten der Mongolei. Dort ist sie sogar die Regel. Manche Blöcke (Ak Aran, Har Hiraa) wurden gleichzeitig gehoben und gekippt. Ihre Oberfläche neigt sich sacht zur entgegengesetzten Seite der Verwerfung.

Hier beobachten wir also tatsächlich die »Spontanzeugung« von Erhebungen mitten in einem alten, über Jahrmillionen von der Erosion geglätteten Festlandskern, der seit undenklichen Zeiten stabil ist. Wahrlich die Geburtsphase eines Gebirges mitten in einem flachen Gebiet. Man könnte es auch Wiedergeburt nennen. Aber wie kommt es zu diesem außergewöhnlichen Ereignis? Über 2500 km vom Himalaja entfernt liegt die Mongolei genau an der Stelle, wo der von der Kollision erzeugte Schub, der sich unerbittlich nach Norden fortsetzt, gerade die nötige Stärke erreicht, um längst »tote« Verwerfungen wiederzubeleben. Eine Vielzahl kleiner Überschiebungen .... und ein paar kleine Berge. Nur einige von diesen Verwerfungen werden später größer und länger, verbinden die fragilsten Zonen, die Beschädigungen der Kruste, und schließen sich zusammen, um das eine oder andere Hochgebirge hervorzubringen. So sind möglicherweise auch der Tian Shan und der Altai entstanden, weit von jeder Plattengrenze entfernt. In Zentralasien erschafft letztlich nicht die Subduktion eine Gebirgskette, sondern die Gebirgskette bringt eine in der Tiefe der Kruste verborgene Subduktion hervor.

## FLIESSBAND UND HANDARBEIT

Angesichts der Gebirgsproduktivität Ostasiens kann man nur staunen. Warum hier und nicht anderswo? Nach den vorangegangenen Ausführungen sind wir nun gerüstet, um den Verlauf des allerspektakulärsten Zusammenstoßes zweier Kontinente genau zu verfolgen. Früher durch 4000 km Meer getrennt, heute verschmolzen. Eine außergewöhnliche Saga mit zahlreichen Episoden nach einer unglaublichen Odyssee über den Äquator. Es gibt nichts annähernd Vergleichbares in der jüngeren Erdgeschichte.

Alles beginnt mit dem Zerfall des Superkontinents Gondwana, in dem die heutigen Südkontinente vereint waren, und dem Entstehen neuer Meeresausläufer, von denen später einige den Indischen Ozean bilden. Wie Sprünge in einer Eisplatte treten Grabenbrüche auf, werden breiter und tiefer. Durch diese neuen Meere getrennt, entstehen die vier Kontinente der Südhalbkugel und Indien. Nun verschwindet rasch das bereits existierende Meer, das Thetismeer. Indien wird in dieses Abenteuer hineingezogen und beginnt – wie sein Nachbar Australien – vor 80 Millionen Jahren ein atemberaubendes Rennen. Mit einer Geschwindigkeit von fast 15 Metern pro Jahrhundert rast es nach Norden: 4000 km in 25 Millionen Jahren!

Zur großen Begegnung kommt es vor 55 Millionen Jahren. Auf 3000 km Länge verschmelzen die unterseeischen Ränder Indiens und Asiens und tauchen rasch auf. Die asiatischen Säugetiere wanderten nach Süden und vernichteten die dort heimischen Beuteltiere, die auf der großen Insel geschützt und unbehelligt lebten. Einige Bruchstücke des untergegangenen Thetismeeres, erkennbar am charakteristischen grünen Gestein – Schlangengestein oder Ophiolit – bleiben an der Nahtstelle eingeklemmt, die heute den Lauf des Indus und des Brahmaputra bestimmt.

Dies ist aber nur ein Vorspiel, denn der Zusammenstoß der beiden Platten hält Indien nicht auf. Nicht wie bei einem Auffahrunfall! Seine Geschwindigkeit verlangsamt sich nur um 10–5 cm/Jahr im Verhältnis zu Sibirien, dem festen Teil Asiens. Wie ein Rammbock stößt es weiter in den Kontinent vor, mit dem es soeben verschmolzen ist. Bis die Landschaft ihr heutiges Aussehen erreicht, muss es noch 2500 km weiter eindringen! Einzig mögliche Strategie: Platz machen, den Weg freiräumen. So schiebt es wie ein Schneepflug große Landstücke in Richtung Pazifik. Zuallererst wird Indochina weggeschaufelt, das sich 800 km weiter südöstlich an China heranschiebt, entlang der Verwerfung des Roten Flusses.

Der Mantel Indiens taucht indes weiter ab. Noch langsamer. Durchschnittlich vielleicht 2 cm pro Jahr. Aber seine Kruste wird von Asien abrasiert wie von einem Bulldozer. Sie häuft sich in Stücken auf, die sich übereinander schieben. So entsteht seit 25 Millionen Jahren der Himalaja mit seinen Gipfeln. Die Oberfläche der unten liegenden Stücke schmilzt und bringt siliziumreiche Gesteinsschmelzen hervor, die aufsteigen, kristallisieren und ein weiteres charakteristisches Gestein bilden: einen weißen Granit mit prismenförmigen Turmalineinschlüssen. Die Erosion nivelliert die steilen Flanken der hohen Gebirgskette. Der Schutt wird zum Meer getragen und häuft sich schließlich in den untermeerischen Deltas von Ganges und Indus an, in riesigen instabilen Anhäufungen, von denen geräuschlose Lawinen bis 1000 km vor der Küste auf den Meeresgrund gleiten.

Aber dies ist noch nicht das Ende. Man könnte meinen, das Zusammenspiel von Schneepflug und Bulldozer habe genügt, um die Annäherung zwischen Indien und Sibirien auszugleichen. Keineswegs. Hunderte von Kilometern fehlen noch. Zum Großteil liegen sie unter dem Hochland von Tibet versteckt. Hier geben nördlich von Lhasa drei alte Nahtstellen unter der Kruste, empfindliche Narben in dem umklammerten Kontinent, eine nach der anderen nach. Sie verschlingen große Teile des asiatischen Mantels. Zahlreiche Flüsse, deren Wege von den Bergen versperrt werden – die über diesen verborgenen Unterschiebungen entstehen –, erreichen das Meer nicht. Sie laden ihre Sand- und Schlammlast in geschlossenen Becken ab. So entsteht Schritt für Schritt das Hochland von Tibet. Flach wie die Ebenen Nordeuropas, 4500–5000 m über dem Meeresspiegel. Eine erste Ebene aus der Zeit des Beginns der Kollision im Süden. Dann eine zweite, jüngere, in der Mitte. Schließlich eine dritte, unvollendete im Norden. Hier wächst Tibet weiter in die Wüste Gobi hinein. In der flachen, mit Salzsümpfen bedeckten Qaidamwüste sieht man heute den Architekten bei der Arbeit mit seinen beiden Werkzeugen, der Tektonik und der Sedimentierung. Das Ergebnis: eine kleine Ebene, kaum 3000 m hoch, die aber seit 6 Millionen Jahren zwischen den umliegenden Gebirgsketten rasch aufgefüllt wird.

Zum Abschluss dürfen wir natürlich nicht die jungen Gebirgsketten Zentralasiens viel weiter nördlich vergessen: den Tian Shan, den Altai und andere Berge der Mongolei. Fast noch »Babys«, deren Geburt im Gange ist und die aller anderen erklärt.

Wenn die Saga in diesem Rhythmus weitergeht und die Erosion nicht die Oberhand gewinnt, wird die Gestalt Asiens unkenntlich werden. In 50 Millionen Jahren wird Indien zwei Drittel kleiner sein. Der Himalaja wird über Chennai und Mumbai aufragen. Das Hochland von Tibet wird seine Fläche verdoppelt haben und ganz Zentralasien bis zur sibirischen Steppe umfassen. Und um die Verfremdung komplett zu machen, werden die Mongolei, Nordchina und die Mandschurei eine Halbinsel zwischen zwei neuen Meeren bilden, dem Gelben und dem Ochotskischen Meer.

Auch im Mittelmeer oder an anderen Orten hat die Erde Werkstätten eingerichtet. Aber hier ist es nicht viel mehr als Handarbeit. Nicht von Dauer. In Asien dagegen hält sie seit Jahrmillionen eine riesige Gebirgsmaschine in Gang, die mit Fließbandgeschwindigkeit arbeitet.

GIPFEL DER WELT, Tibet

Vom sumpfigen Grund des Kung-Co-Grabens aus gesehen, schimmern die höchsten Gipfel der Erde in der dünnen Luft der Hochebene. Der einzelne Berg links nach Osten hin ist der Chomolungma, der Mount Everest (8848 m), und rechts erhebt sich der Cho Oyu (8153 m).

# EISGEBIRGE

## Mustagh Ata, Sinkiang

Für die türksprachigen Völker – Uiguren, Kirgisen und Kasachen –, die das Hochgebirge des Pamir bewohnen, gibt es einen Vater: den Mustagh Ata. Hier finden die Seelen ihrer Anführer ihre ewige Ruhe. Mit 7546 m Höhe ist er jedoch nicht der höchste Punkt. Der benachbarte Kongur übertrifft ihn um rund 173 m. Was ihm seine Rolle als Wohnsitz der Götter einbringt, ist seine Form, eine Kuppel mit einem Eispanzer darauf, deren sanfte Flanken von den Kamelen leicht erklettert werden können. Diese Form ist einzigartig bei einem Berg dieser Höhe und entzückt auch den Geologen, denn sie liefert den Schlüssel zu ihrer Entstehung. Man betrachte den Steilhang, den der Gletscher auf der linken Flanke der Kuppel in den Berg schneidet. Dort erkennt man zwei Gesteinsstreifen, einen hellen und darüber einen dunklen, beide genau parallel zum Eis. Es ist Tiefengestein, metamorphes Gestein, kein Sediment. Aber es ist genauso gekippt und gefaltet wie die eisbedeckte Oberfläche. Die riesige Kuppel ist also lediglich eine große Falte, von der Tiefenkruste in Bewegung gesetzt. Einfach eine Maßstabsübertragung, nach dem gleichen Muster, wie sich die kleinen »Walrücken« in den Sedimenten heben. So entsteht ein Hochgebirge.

**Doppelseite 74/75: QILIAN SHAN, Gansu, China**

Die Gipfel des Qilian Shan erheben sich über 5500 m vor der letzten Festung der Großen Mauer nach Westen. Zwischen ihr, einem bereits durchfurchten Hügel und dem Gebirge liegen – hier nicht zu sehen – der Gansukorridor und eine neue, heranwachsende Falte.

BORO HORO. Sinkiang, China

Die noch mit Wald bedeckte Nordflanke des Tian Shan beherrscht mit über 4000 m Höhe die dsungarische Steppe, das Reich der kasachischen Reiter. Die »Himmlischen Berge«, die fast doppelt so lang sind wie die Alpen, gehören zu den jüngsten Erhebungen Asiens.

# HEBUNG

## Chomolungma, Tibet

Mit Wollballen beladen nähern sich die Yaks der Karawane dem höchsten Gipfel des Himalaja. Von der auf rund 4350 m liegenden Dingri-Hochebene aus gesehen, auf der tibetischen Seite, sind die 8848 m des Chomolungma (des Mount Everest, benannt nach dem Leiter der trigonometrischen Vermessung Indiens 1823–1843, bei der erstmals seine Höhe bestimmt wurde) nicht weniger beeindruckend als von den Hügeln Nepals aus. Der Höhenunterschied ist wesentlich geringer, die Sicht jedoch völlig frei. Die Anatomie des Berges wird durch das Eis und den Schnee hervorgehoben. Alle an der Steilwand der Nordwestflanke sichtbaren Schichten sind zur linken Bildseite geneigt. Es handelt sich um den Überrest der Nordflanke einer riesigen Falte, die wohl der des Mustagh ähnelte, bevor sie von der Glazialerosion entstellt wurde. Die Pyramide und der Gipfelkamm bestehen aus Kalkstein, der früher mit 10 km Meeresablagerungen bedeckt war. Seit 25 Millionen Jahren wurde also der ganze Gebirgszug um fast 20 km über den Meeresspiegel gehoben. Eine Hebung, die sich heute mit einer Geschwindigkeit von rund 1 cm pro Jahr fortsetzt, während Indien weiter unter die südlichen Ausläufer des Himalaja abtaucht.

SCHNEESTURM AUF DEM MUSTAGH ATA. Sinkiang

Über den Yaks, die in dem kleinen Seebecken des Karakul weiden, wird der Gipfel des Mustagh Ata von aufgewirbeltem Schnee verschleiert. Ein starker Westwind fegt über die Kuppel dieser riesigen Falte, in der 20 km Kruste aufgewölbt sind.

**Doppelseite 82/83: PAMIR, China**

Wie die Seiten des Himalaja sind die beiden Flanken des Pamir nicht symmetrisch. Die höchsten Gipfel der Gebirgskette, die über 7000 m reichen, ragen mindestens 6000 m über der Tarimwüste, aber nur 3000 m über dem inneren Plateau auf.

Doppelseite 82/83

ABSCHÜSSIGE PLATTEN. Kula Khaugri. Bhutan

Von der tibetischen Steppe aus gesehen, die von den ersten starken Frösten gerötet ist, weist die Nordflanke des Kula Khangri (7554 m) die gleiche Oberflächen und abschüssigen Platten aus metamorphem Gestein auf, wie sie der ganzen Himalajakette entlang zu beobachten sind.

**Doppelseite 86/87: TURBULENZEN. Gauri Shankar, Nepal**

Die Himalajagipfel stören die starken Höhenwinde der oberen Atmosphäre. Hier werden durch die Kondensation die Wellen sichtbar, die durch die Turbulenzen der Luft über dem 7144 m hohen Gauri Shankar entstehen.

STEILER ANSTIEG. **Makalu und Chomolungma**

Der Himalaja ist sehr unsymmetrisch gebaut. Die Falten des tibetischen Vorlands, dieser Hochebene mit über 4000 m Höhe, stoßen direkt an das Hochgebirge, hier mit dem Makalu und dem Mount Everest.

**Doppelseite 90/91: EIS UND BARKANE. Weixueh Shan. China**

Dieser hohe Gipfel des östlichen Kunlun Shan, eine von der Erosion durchfurchte Granitkuppel, ist mit einer Gletscherkappe bedeckt. Die Dünen unterhalb des Eises bestehen aus dem Sand, der sich aus dem Granit gebildet hat.

NATÜRLICHE STAUMAUER. Nyainchengtanglha. Tibet

Als höchster Berg des eigentlichen Hochlands von Tibet versperrt dieser Gipfel mit dem komplizierten Namen auf 4800 m Höhe den Abfluss für einen der größten Seen der Ebene, den Nam Co oder Tengri Nor, den »Himmelssee«.

**Doppelseite 94/95: TERRASSEN. Nepal**

Im nepalesischen Mittelgebirge wird bis auf 2500 m Höhe angebaut. Unterhalb 1700 m werden die gestuften Nassterrassen, in denen man Reis anpflanzt, vom Monsun gespeist. Weiter oben treten je nach Lage der Hänge weniger anspruchsvolle Anbauformen an die Stelle der Bewässerung.

# STEIG-
# BEWEGUNG

### Machapuchare und Annapurna, Nepal

Oberhalb von Pokhara im Westen des Kathmandu-Beckens tauchen der Machapuchare (6997 m) und der Annapurna III (7555 m) aus dem Morgennebel. An den Schwindel erregenden Südflanken des Himalaja sind Gneis und weißer Granit mit Turmalin- und Granateinschlüssen sichtbar, die beim Schmelzen der indischen Kruste entstanden und in der Tiefe durch das Gleiten auf dem Förderband, das die Gebirgskette weiter hebt, gewalzt und erhitzt wurden. Nirgends findet man so große Höhenunterschiede. Sie liegen in der konzertierten Aktion zweier Mechanismen begründet, deren Wirksamkeit hier Höchstwerte erreicht: die Steigbewegung, die aus der größten heute stattfindenden Kontinentalkollision hervorgeht, und die Erosion, die von den Sturzfluten des asiatischen Monsuns dirigiert wird. Unter keine andere Gebirgskette schiebt sich nämlich mit dieser Schnelligkeit eine so mächtige und alte kontinentale Kruste wie die des präkambrischen Indiens. Was den asiatischen Monsun betrifft, so wird er von der Höhe und Ausdehnung des durch die Kollision geschaffenen Hochgebirges noch weit verstärkt. Das Hochland von Tibet wirkt im Sommer als Saugpumpe, im Winter als Druckpumpe. So gehen jedes Jahr durchschnittlich über 11 000 mm Niederschlag auf den östlichen Himalaja nieder. Kein Wunder, dass die Einzugsgebiete der Himalajaflüsse sehr schnell zurückweichen und die Südflanke der Gebirgskette in eine wahre Mauer verwandeln.

**INDUS UND HARAMOSH**, Rondu, Pakistan

Der Indus passiert die westliche Himalaja-Syntax, indem er sich durch die tiefen, von Gneis und Pyroxenit bestimmten Schluchten zwischen dem Nanga Parbat und dem Haramosh schlängelt, der hier mit über 7390 m Höhe zu sehen ist.

**EISSPUREN**, Zanskar, Indien

Die senkrechten Streifen, die man auf der Platte aus blank geriebenem Gestein unter dem Vorsprung aus Schnee und Eis erkennt, sind die Spuren eines Gletschers. Der Hang im Vordergrund ist von einer Vielzahl von Streifen geprägt, einem Zeichen für die momentan starke Solifluktion.

# ANDESIT

**RAKAPOSHI, HUNZA, PAKISTAN**

Ein starker Nordwestwind fegt über die Schneewechten auf den Kämmen des Rakaposhi (7788 m). Wie bei den meisten Himalajagipfeln tauchen die Grate, die zu diesen Kämmen führen und im Licht der Morgensonne sehr schön zu sehen sind, und das darunterliegende Gestein nach Norden ab. Hier wie anderswo wird dieser Vorgang durch die Abwärtsbewegung einer großen Überschiebung diktiert, die tief in die Kruste eindringt. Aber mit einem äußerst bedeutsamen Unterschied. Das Gebirge ist fast ganz mit asiatischem Andesit aus der Kreidezeit bedeckt. Es ist kein Stück der indischen Kruste, sondern vielmehr ein Hobelspan des Vulkanbogens am Südrand Asiens, unter den dereinst die Kruste des Thetismeeres »subduzierte«. Die unter dem Gebirge abtauchende Überschiebung, die *main mantle thrust* (MMT), folgt nämlich der Nahtstelle zwischen Indien und Asien. Eine weitere Abweichung ist, dass sich die meisten der höchsten Berge Pakistans nördlich und nicht südlich dieser Nahtstelle befinden. Neben dem Rakaposhi gleich nördlich davon die Karakorumkette. Auch sie wird von einer nach Norden abtauchenden Überschiebung gehoben, die entsprechend MKT, *main Karakorum thrust,* genannt wird. Sie liegt an einer anderen Nahtstelle, die den Namen des örtlichen Induszuflusses Shyok trägt. Diese Unterschiede sind erklärbar: Genau südlich davon endet mit dem Nanga Parbat (8125 m) die eigentliche Himalajakette und damit ihre geologische Struktur.

**GLETSCHERLANDSCHAFT**, Suru-Tal, Indien

Das Hochtal des Suru, der am Fuß des Nun (7087 m) und des Kun (7135 m) die Richtung wechselt, um nördlich von Kargil mit dem Indus zusammenzufließen, ist ein vom Gletscher geprägtes Trogtal.

**Doppelseite 104/105: ULTAR PEAK, Hunza, Pakistan**

Obwohl der Palast des Mir von Hunza bei Baltit in erhöhter Position auf einer Seitenmoräne liegt, wirkt er gegenüber dem Ultar Peak (7388 m), der aus dem Gneis des Hohen Karakorum geformt ist, verschwindend klein.

# THETISFALTEN BEI PHOTAKSAR

ZANSKAR, INDIEN

Im Abendlicht erkennt man, dass die Schichten, die im Vordergrund horizontal liegen, auf jedem der folgenden Vorsprünge bis zu den Kämmen am Horizont wie eine Ziehharmonika gefaltet sind. Die Falten sind durch die verschiedenen Farben der Kalkstein-, Mergel- und Sandsteinschichten, die von Dunkelgrau über Beige-, Ocker- oder gar Rosa- und Malvenfarben bis Weiß reichen, deutlich gezeichnet. Diese hoch aufgetürmten Meeresablagerungen – die in Ladakh wunderbar zutage treten, schöner als an allen anderen Orten des Himalaja – sind die berühmten Thetisreihen, die auf dem passiven Rand Kontinentalindiens abgelagert wurden, lange bevor es mit Asien zusammenstieß. Sie gehören zu den Hauptzeugen für das verschwundene Meer. In diesen Reihen, die schichtweise vom Sockel gelöst wurden, auf dem sie sich über Dutzende von Jahrmillionen in aller Ruhe aufgetürmt hatten, findet man die erstaunlichsten Faltenfolgen mit »kurzen« Spannweiten im ganzen Himalaja. Die kilometerlangen Aufwerfungen der abtauchenden Zanskar-Schichten, die heute tief von den Induszuflüssen durchschnitten werden, entstanden kurz nach dem Beginn der Kollision zwischen Indien und Asien vor rund 50 Millionen Jahren.

**Doppelseite 108/109: HIMALAJASCHICHTEN. Ladakh**

In Ladakh treten an den trockenen Talflanken Gesteine verschiedenster Art und Farbe und helle Bodenhorizonte in wundervoll geschichteten Serien zutage. Ein Paradies für den Geologen, der Falten und Verwerfungen kartieren und daraus den Aufbau und die Dynamik der Strukturen erschließen kann.

AUF DEM WEG NACH PADUM. Ladakh. Indien

Der steile Gipfelhang und die schmäleren darunterliegenden Vorsprünge, die teilweise mit Schutt bedeckt sind, entstanden aus den Ablagerungen des Thetismeeres. Unter der Kammlinie erkennt man deutlich die Schichten, deren Färbung zwischen Grau und Ocker schwankt.

KENNZEICHEN DER HOCHGEBIRGSKETTE. Kargyak Chu. Ladakh

Diese gewaltige Bergspitze, die von Gletschern und Flüssen geformt wurde, besteht aus weißem Granit, dem Markenzeichen des Himalaja. Entlang des Gebirges hat er in etwa das gleiche Alter, begann aber erst 25 Millionen Jahre nach dem Beginn der Kollision zu schmelzen.

KENNZEICHEN DER NAHTSTELLE. Chilas. Pakistan

An diesem Monolith aus Peridotit und dunkelgrünem, rostrot überzogenem Gabbro, der mit eingravierten Buddhas verziert ist, zeigt sich die Moho (Grenzlinie zwischen Kruste und Mantel) eines Vulkanbogens, unter den die Thetis-Lithosphäre vor der Kollision abtauchte.

FALTUNG, bei Tongde, Zanskar

Steile Wände aus gefaltetem Kalkstein erheben sich über dem flachen Talboden.

Doppelseite 114/115: WEISSER GRANIT, Ladakh

Der weiße Granit von Gumburanjun, der mit glänzendem weißem Glimmer und kleinen Prismen aus schwarzem Turmalin gespickt ist, entstand durch das Abschmelzen der indischen Kontinentalkruste.

SCHUTTKEGEL. Zanskar

Diese gewaltigen »Abraumhügel« zeugen von der voranschreitenden Erosion.

Doppelseite 118/119: KLOSTER. Industal. Ladakh

Dieses Kloster ist auf einer Bergspitze über dem Indus erbaut und befindet sich auf der asiatischen Seite der Nahtstelle. Das helle oder graue Gestein der Kämme ist der Granit und Granodiorit und bildet einen breiten Gürtel, der sich bis nach Lhasa, 1500 km weiter östlich, fortsetzt.

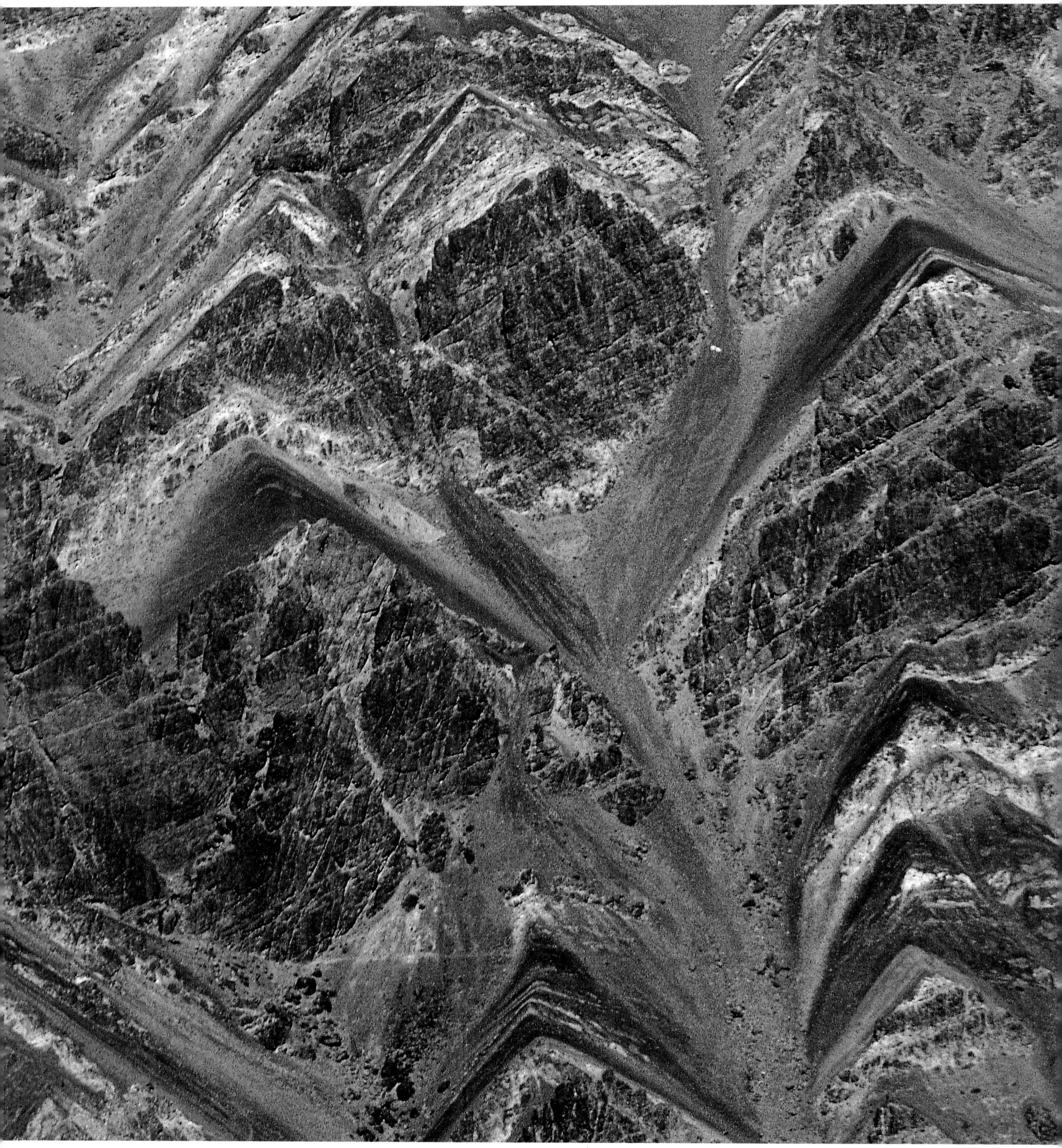

# INDUS-MOLASSE

## Khalsi, Ladakh, Indien

Die gehobenen Bänke der Indus-Molasse, die von den zum Indus herabstürzenden Schluchten durchschnitten werden, bilden ein Sparrenmuster, das durch die kontrastierenden Farben betont wird. Die Indus-Molasse ist eine Auftürmung von buntem Flusssandstein in ziegelroter bis hellviolett-weinroter Farbe im Wechsel mit mächtigen Schichten grünen Konglomerats aus verschiedenartigem Kies: Granit, Basalt, Kalkstein und anderen. In ganz Ladakh ist diese Anhäufung stark gefaltet. Die Reihe von parallelen Sparren entsteht durch die Überschneidung des unregelmäßigen Hanges und der vertikalen Sandstein- und Konglomeratplatten. Diese erstaunliche Molasseanhäufung setzt sich über 2000 km entlang der Nahtstelle fort, vom Industal im Westen über den Kailash bis zum Tal des Yarlung Tsangpo im Osten. Die auffällige geologische Formation entstand durch die Ansammlung von Flussablagerungen in der großen kontinentalen Falte, die bereits zu Beginn der Kollision »an die Stelle« des Meeres trat und die Narbe zwischen den beiden Kontinenten füllte. Anhand der Molasse kann man diesen »Augenblick« datieren, denn an ihrer Basis erkennt man den Übergang vom letzten Meeressandstein, der reich an Austern- und Nummulitenfossilien ist, zu den kontinentalen Sedimenten, die sich aus Sand, Schlamm und Kies aus Asien oder Indien verfestigten: zwischen 50 und 55 Millionen Jahre, ganz am Anfang des Eozäns.

# SALTORO-GNEIS

## Machelu, Pakistan

Die über dem Dorf Machelu aufragenden steilen Spitzen der Saltoro-Gebirgskette, die fast 6000 m Höhe erreichen und aus dem Gneis und Granit eines großen Batholiten stammen, sind ein Seitenzug des Karakorum. Die zweithöchste Gebirgskette Asiens ist ein Gürtel aus Tiefengestein, der vor 90 bis 140 Millionen Jahren am aktiven Rand des asiatischen Kontinents gebildet und seither verformt wurde. Die schlank in die Höhe ragenden Flächen und die 1000 m hohen senkrechten Wände illustrieren die Umwandlung von Granit zu Gneis. Die Shyok-Nahtstelle verläuft direkt am Gebirge entlang. Sie ist zum Teil mit mehrterrassigen Seitenmoränen bedeckt, die aus großen Granitblöcken bestehen und stufenförmig hinter dem Dorf ansteigen, bis zum Fuß der großen Felswände. Das Dorf selbst ist nach Süden gebaut, auf einer terrassierten Endmoräne, die mit Apfel- und Aprikosenbäumen bepflanzt wurde. Es braucht keine Steinbrüche, um die Stützmauern für die Terrassen zu bauen; die Steine der Moräne reichen aus. Die gewaltige Schuttmasse wurde vor rund 15 000 Jahren vom Hushe-Gletscher, einem wahren »Gletscherstrom«, der von einem weiten Rund von Hochtälern zwischen dem Masherbrum (7821 m) und dem Chogolisa (7694 m) gespeist wurde, hierher gebracht. Man findet darin auch Blöcke aus Baltoro-Granit, einem der jüngsten Granite Pakistans (25 Millionen Jahre).

# EXOTISCHER SANDSTEIN

TAKENA, TIBET

Diese wundervolle Faltenfolge aus rotem Sandstein mit eingeschobenen Kalkbänken direkt nördlich von Lhasa birgt einen Schatz an Informationen darüber, wie Tibet sich hebt und wie weit die indische Platte seit der Kollision nach Asien vorgedrungen ist. Die Orbitolinen und anderen datierbaren Fossilien im Kalkstein zeigen, dass mindestens die Südhälfte dessen, was heute das Hochland von Tibet ist, noch vor 100 Millionen Jahren eine Meeresebene an der Küste war. Höchstens 200 m unter dem Meeresspiegel. Ein gewichtiges Argument dafür, dass die Hebung der Ebene um fast 5000 m im Wesentlichen eine direkte Folge der Kollision zwischen Indien und Asien ist, dem einzigen geologischen Großereignis seit dieser Zeit. Was den roten Sandstein betrifft, so zeigt die Ausrichtung des Magnetfelds zum Zeitpunkt seiner Entstehung, dass er auf einem Breitengrad in der Nähe des Äquators abgelagert wurde, also fast 2500 km südlich von seiner heutigen Position! Dass er nördlich der Nahtstelle liegt, gibt einen Eindruck davon, welch außerordentlich starke Wirkung die Kollision auf die Form Asiens hatte. Indien drang über 2000 km weit ein und schuf dabei nicht nur Gebirge und Ebenen, sondern schob ganze Kontinentstücke in Richtung Pazifik, unter anderem Indochina.

**Doppelseite 126/127:** MASHERBRUM. Karakorum. Pakistan

Mit 7821 m Höhe ist der Masherbrum, dessen Gipfel noch von der untergehenden Sonne beschienen wird, während die Täler bereits im Schatten liegen, einer der Riesen des Karakorum.

THIKSE, Ladakh, Indien

Wie die meisten tibetischen Bauwerke hat die der Klosteranlage Thikse, die sich vor dem Hintergrund einer vollständig granitischen Landschaft an einen Berghang schmiegt, nach innen geneigte Mauern und trapezförmige Fassaden.

**ZANSKAR**, Ladakh
Ein Mönch auf dem Weg zum Kloster.

INDUSTAL. Ladakh

Leh, die Hauptstadt der Provinz Ladakh, liegt auf 3500 m am oberen Lauf des Indus. Das breite Tal ist das »Grab« des einstigen Thetismeeres.

# MELANGEN BEI LHAZE

## NAHTSTELLE DES YARLUNG TSANGPO, TIBET

Ein Chaos aus miteinander verwürgtem (vermengtem) Gestein wird an der Flanke des Hügels hinter den heranwachsenden Gerstenfeldern und dem Flussbett sichtbar. Das große weiß-roséfarbene Felsenband etwas rechts neben der Frau mit Kind ist ein Stück Kalkstein aus dem Perm. Das dunkelgrüne Gestein darunter ist viel jüngerer Basalt, ein Bruchstück der Kruste des Thetismeeres aus der Kreidezeit. Links von der Frau sind über dem Basalt zwei weinrote Flecken aus siliziumhaltigen Sedimenten zu sehen: Jaspis oder Radiolarit, benannt nach den winzigen Fossilien – Radiolaren oder Strahlentierchen –, die man zuhauf darin findet und die gewöhnlich die Tiefseekruste bedecken. Darüber findet sich wieder ein Basalteinschub, dann ein Streifen aus weißem Kalkstein bis an den Kamm. Eine bunte geologische Formation dieser Art, die man Melange nennt und in der sich Gestein verschiedener Art, verschiedenen Alters und verschiedener Herkunft nebeneinander findet – der Kalkstein kommt aus dem Kontinentalschelf, die anderen aus der tiefsten Tiefe des Meeres –, ist ein Produkt der Subduktion, die von den Oberflächenschichten beider aufeinander treffenden Platten Stücke abhobelt und miteinander vermischt hat. Das Ergebnis ist ein wahres geologisches Potpourri, ein Anzeichen dafür, dass eine ozeanische Nahtstelle vorliegt, wie hier zwischen Indien und Asien.

MÖNCH, Ladakh

Zentral- und Ostladakh sind hauptsächlich buddhistisch geprägt. Das religiöse Leben findet rund um und in den Klöstern, den Gompas, statt.

STAKNA GOMPA, Ladakh

Das Kloster von Stakna auf halbem Weg zwischen Leh und Hemis ist auf einem schroffen Hügel mitten im Industal erbaut. Man kann es als Grenzstein zwischen dem indischen Subkontinent und Asien betrachten, da es direkt über der Nahtstelle liegt, die hier unter der Molasse begraben ist.

EHEMALIGER SEE BEI PADUM. Zanskar

Diese kreisförmigen Anbauflächen sind typisch für die Täler, die am Ende der Eiszeit vor 15 000 Jahren von großen Seen bedeckt waren.

Doppelseite 138/139: NUTZFLÄCHE. Leh. Ladakh

Bei Leh verbreitert sich das Industal zu einer weiten Ebene, die zum großen Teil landwirtschaftlich genutzt wird. Hier lag früher, als der Flusslauf weiter unten von Moränen versperrt war, ein See.

**HOCHTÄLER.** Zanskar

Die fruchtbarsten Gebiete Ladakhs sind die flachen Talböden wie hier bei Pishu auf etwa 3500 m. Auf der einen Seite des Tals liegen an der vom Eis abgeschliffenen Wand wundervolle gerade Falten frei. Auf der anderen erkennt man die Terrassen zweier Seitenmoränen.

NACHEISZEITLICHE HÄNGE. Zanskar

Diese sanften Hänge wurden seit dem Rückgang der Gletscher vor ungefähr 15 000 Jahren weiter abgeflacht. Die steilsten Hänge werden von den Rinnen der Schuttbäche durchschnitten, die bei der Schneeschmelze oder nach starken Gewittern herabstürzen.

**Doppelseite 144/145: ABSCHERUNG, bei Juldo, Ladakh**

Diese abgeflachten und gewalzten metamorphen Schichten, die durchwegs nach Nordosten geneigt sind, markieren die Abscherungszone von Zanskar. Sie wurden bei der Hebung des Himalaja in umgekehrter Richtung reaktiviert.

# INDUS-MOLASSE UND FLUSSKIES

## Kailash, Tibet

Die mächtigen Sandstein- und Konglomeratbänke der Indus-Molasse, die nach unten hin rot, weiter oben unter dem Schnee in verschiedenen Grautönen gefärbt sind und hier fast horizontal liegen, sind der »Rohbau« des Kailash – Khang Rinpoche – (6714 m), der heiligsten geologischen Zinne der Welt. Mit seiner harmonischen Pyramidenform gehört der Kailash zu den wenigen hochalpinen, ganz aus verfestigtem Flusskies und -sand erbauten Bergen, die die Flachheit ihrer Wände behalten haben. Ein monogener Berg, der im Ganzen gehoben wurde und dessen steile Flanken kaum Hinweise auf eine tektonische Störung zeigen. Das breite, ebene Tal, das am Fuß der rostfarbenen, vom Eis eingeschnittenen Steilhänge nach links eindringt, wurde von einem großen Gletscher gegraben, der sich vor rund 16 000 Jahren zurückzog. Es ist eine wahre »Autobahn« für die buddhistischen Pilger, die zur Umwanderung des Bergs im Uhrzeigersinn, zur *kora*, aufbrechen. Ein ähnliches Tal bringt sie auf der anderen Seite wieder zurück. Als gigantischer natürlicher Stupa, der über der größten kontinentalen Nahtstelle der Welt und den beiden darin liegenden Seen an der Wasserscheide zwischen Indus, Ganges und Brahmaputra aufragt, verdankt der Kailash seine Schönheit sowohl seiner Form als auch seiner isolierten Stellung, einem Ergebnis des – hier friedlichen – Zusammenspiels der Kräfte, die Gebirge bauen und zerstören. Wie sollte man ihn nicht bewundern und verehren ...

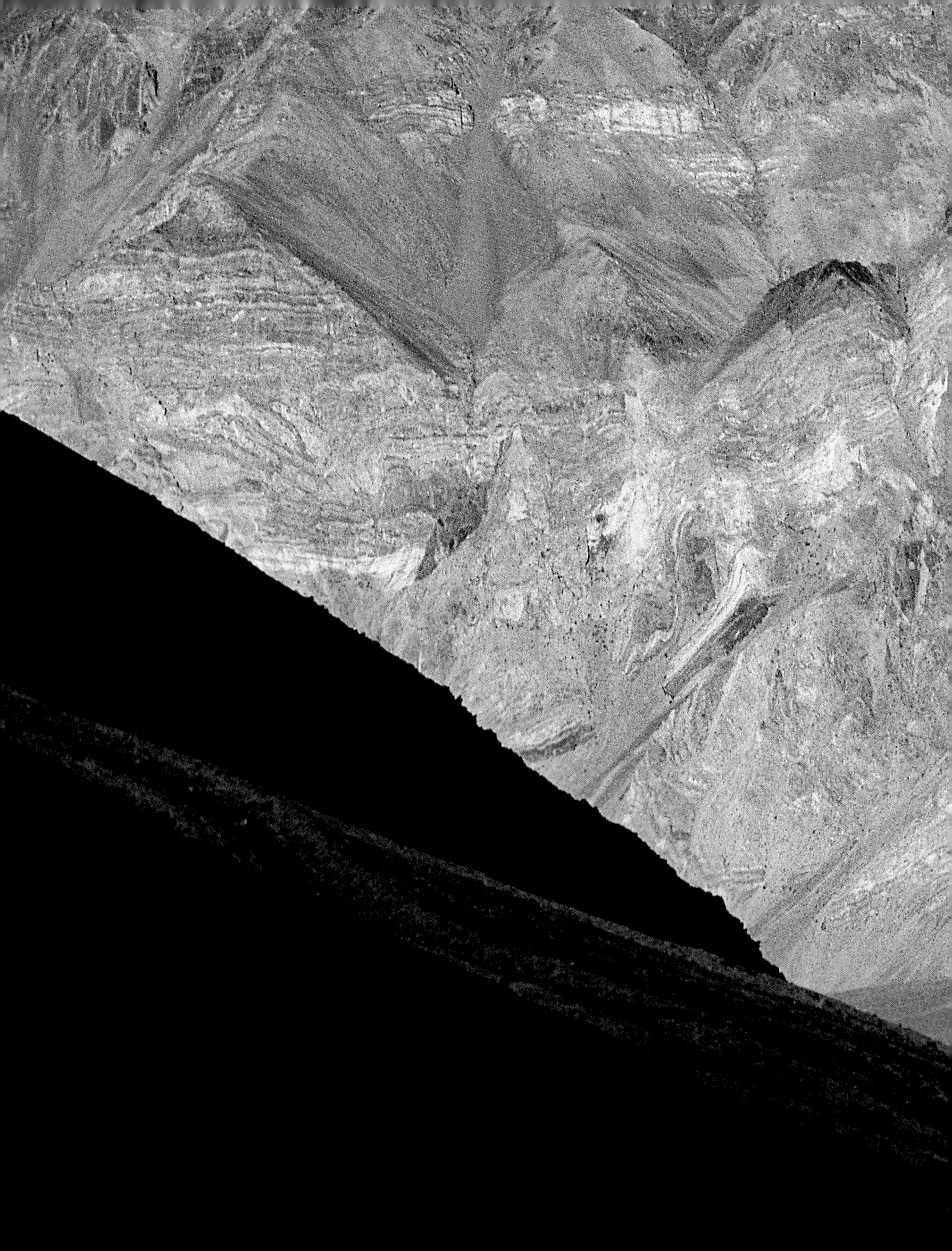

SCHICHTEN VON ZANSKAR. Ladakh

An den fast 2000 m hohen Steilhängen liegt ein Teil der gewaltigen – über 20 km hohen – Auftürmung aus gekippten und gefalteten Schichten frei, die für den Nordhimalaja von Zanskar charakteristisch ist.

Doppelseite 148/149: THETIS-HIMALAJA. Zanskar

Falten und Verwerfungen im Kalkstein am Nordrand Indiens.

INDUSTAL. Ladakh

Sonnenuntergang über dem Granit des Batholiten von Ladakh nördlich des Indus.

TRADITIONELLE LANDWIRTSCHAFT. Shyok-Tal, Pakistan
Hier werden Dzos, kräftige Tiere, die aus der Kreuzung zwischen Yak und Hausrind hervorgingen, zum Getreidedreschen eingesetzt.

SHYOK-TAL, Pakistan

In dieser vom Islam geprägten Region trennen die verschleierten Frauen die Hirsekörner noch mit der Hand von der Spreu.

# GRANIT

## Drepung, Tibet

Mitte September beim Fest des Joghurts – das nie schmackhafter ist, als wenn es mitten in Tibet mit dem Schöpflöffel aus großen Holzeimern serviert wird – breiten die Lamas aus dem Kloster von Drepung eifrig die riesige Fest-Thangka aus, ein Stoffquadrat mit einer Größe von fast 1000 $m^2$, das mit einem riesigen Buddha verziert ist. Schon morgens versammeln sich an den Hängen, wo Enzian und Blaumohn blühen, im wohlriechenden Rauch der Wacholderfeuer die Familien, um miteinander zu essen, zu singen und zu tanzen. Das Chang, ein Gerstenbier, fließt in Strömen. Der September markiert die ersehnte Rückkehr der Sonne nach den sintflutartigen Regenfällen des Sommers, die den Yarlung Tsangpo bis zum Überfließen anschwellen lassen. Der runde Platz, auf dem das Fest stattfindet, ist ein Geschenk der Plattentektonik: eine Anhäufung von riesigen Granitblöcken, von denen manche sich noch immer in instabilem Gleichgewicht befinden. Alle großen Klöster um Lhasa schmiegen sich an Granithänge. Und das Gestein, aus dem sie erbaut sind, ist ebenfalls Granit. Was wäre normaler am Nordrand des Gangdise-Gürtels, eines großen Batholiten aus der Tiefe, der ausschließlich aus diesem Gestein besteht? Es entstand bei der Subduktion des Thetismeeres unter Asien während mehrerer Dutzende von Jahrmillionen, bevor sich durch das Auftreffen Kontinentalindiens die Schmelzstelle in der Tiefe verlagerte, zuerst weiter nach Norden, dann südlich der Nahtstelle.

**ILLAMPU UND ANCOHUMA.** Bolivien

Der Illampu (6362 m, links) und der Ancohuma (6430 m, rechts) ragen über dem Titicacasee auf, der bereits auf 3812 m Höhe liegt. Es sind zwei der höchsten Gipfel der Cordillera Real, die hauptsächlich aus Schiefer und weißem Granit bestehen.

**Doppelseite 158/159: CORDILLERAS DE LOS ANDES. Peru**

Die Kordillere südlich von Cuzco, der alten Hauptstadt des Inkareiches.

MACHU PICCHU. Peru

Die Inkafestung von Machu Picchu schmiegt sich an einen Granitberg, der in den peruanischen Anden im oberen Einzugsbereich des Amazonas liegt.

Doppelseite 162/163: SUBANDINE FALTEN. Selva, Bolivien

Als dunkle Wellen, deren dicht mit Regenwald bedeckte Kämme von in den Tälern hängenden Nebelbänken getrennt sind, ähneln die Falten der subandinen Gebirgskette am Amazonasrand des Altiplano denjenigen, die im Vorland aller Kollisionsgebirge wachsen.

HUAYNA POTOSI. Bolivien

Diese über 6000 m hohe Granitspitze gehört zu den nichtvulkanischen Gipfeln der bolivianischen Kordillere.

# KONTINENTALE KRUSTE

## Cordillera Real, Bolivien

Nicht alle Berge der Anden sind vulkanischen Ursprungs. Dies gilt für die meisten Gipfel der Cordillera Real in Bolivien im Osten des Titicacasees. Hier liegt unter dem Eis, das oberhalb von 6000 m Höhe den Fels bedeckt, ein alter Sockel mit weißen Graniteinschlüssen. Einst glaubte man, einer der Gipfel dieser Kordillere, der Ancohuma, reiche etwas über 7000 m, was ihn zum höchsten Punkt Südamerikas gemacht hätte. Heute weiß man jedoch, dass dieser Titel dem Aconcagua (6962 m) in Chile, 1900 km weiter südlich, zukommt. Und doch, wenn es in den Anden einen Gebirgszug gibt, dessen Bauweise und Entstehung der einer Kollisionskette wie dem Himalaja ähnelt, so ist es dieser. Die Cordillera Real ist ein kontinentales Krustenstück, das von einer großen Überschiebung gehoben wird, die unter der hier liegenden Hochebene, dem Altiplano, abtaucht. Eine Aufwärtsbewegung, die seit über 30 Millionen Jahren andauert. Weiter östlich, am Fuß der Kordillere, lässt die mit der Überschiebung verbundene Verkürzung die Faltenzüge der subandinen Kette steigen, die sich in der Selva, dem Regenwald des Amazonasbeckens, verlieren. Wie Indien unter Südtibet abtaucht, so bewegt sich also der Amazonassockel unter den östlichen Rand des Altiplano. Aber woher die Kräfte kommen, die dieses Abtauchen mitten im südamerikanischen Kontinent bewirken, bleibt ein Geheimnis.

# Geheime Kräfte

# GEHEIME KRÄFTE

Zweifellos ist die Kontinentalkollision der Ursprung der meisten großen Gebirgsketten. Aber kehren wir zu den so genannten ruhigen Zonen ozeanischer Subduktion und zu ihren unechten Gebirgen zurück, die bisher im Hintergrund standen. Vielleicht zu Unrecht ... denn sie verdienen mit Sicherheit einen weiteren Blick.

Zwar wird die Landschaft der Küstengebiete im Allgemeinen beherrscht von einem Wirrwarr aus übereinander geschichteten und ineinander verschachtelten Vulkanbauten, »künstlichen« Aufsätzen, die durch das Aufsteigen flüssigen Magmas an die Oberfläche entstanden. Siliziumreichen Magmas, das sehr zäh ist und schlecht fließt, dessen explosionsartige Ausbrüche gefährlich sind, und das hohe, spitze Kegel mit steilen, konkaven Abhängen erbauen kann. Ganz anders als die massiven Kuppeln der Basaltschilde. Auf Sumatra oder Java sind dies praktisch die einzigen bedeutenden Erhebungen, die einzigen Gebirge, in den Cascade Mountains von Oregon die einzigen immer schneebedeckten, in Japan die gewöhnlichsten. Ebenso in den Anden, die dem klassischen Ergussgestein der Subduktionszonen seinen Namen gegeben haben: Andesit.

Die Anden zwischen Chile und Kolumbien bestehen zu weiten Teilen aus dieser Gesteinsfamilie oder ihren magmatischen Artgenossen aus der Tiefe (Granit oder Granodiorit) und sind ein typisches Beispiel für ein Subduktionsgebirge. Hier findet man die höchsten Vulkane der Erde. Erloschen oder aktiv. Einige sind weit über 6000 m hoch und mit Gletschern bedeckt. Die Vollkommenheit ihrer Formen und die Majestät ihres Reliefs haben Generationen von Wissenschaftlern und Naturforschern mit Begeisterung erfüllt. Von Charles de la Condamine und seinen Kollegen Pierre Bouguer und Louis Godin, die 1735 von der Académie des Sciences den Auftrag erhielten, den Meridiangrad unter dem Äquator zu messen, und mehrere Jahre bei Quito zwischen Pichincha, Cotopaxi und Illiniza verbrachten, bis hin zu dem Mailänder Entdecker und Arzt Gaetano Osculati, dessen Skizzen und Kohlezeichnungen ein Jahrhundert später von packendem Realismus sind. Nicht zu vergessen die beiden Größten, Charles Darwin und Alexander von Humboldt.

Letzterer, der die große »Allee der Vulkane« am Äquator liebte, bewunderte den Cotopaxi in höchstem Maße. Und wirklich ist die Silhouette dieses aktiven Vulkans mit 5897 m Höhe (2 m mehr als der Kilimandscharo), dessen letzter Ausbruch 1904 stattfand, aus dem richtigen Blickwinkel gesehen ein Modellbeispiel. Humboldt wird nicht müde, sie zu bewundern: »Der Cotopaxi hat die schönste und gleichmäßigste Gestalt aller kolossalen Gipfel der Hochanden. Ein perfekter Kegel [...].« Er besteigt die große Gletscherkappe des noch höheren (6310 m), aber erloschenen Chimborazo, dessen Form ein wenig an den Mustagh erinnert, und setzt seine Beobachtungen über die Flora bis zur Erschöpfung ... auf 5147 m fort! Zweifellos sind es »künstliche Aufsätze«, diese unechten vulkanischen Gebirge – aber von einer Anziehungskraft und Schönheit, die sich mit der der echten leicht messen kann.

## ARBEIT IM VERBORGENEN

Darwin hingegen ist von anderen Aspekten der Landschaften fasziniert. Bekannt ist er für sein Werk über die Entstehung der Arten, aber er ist auch ein hervorragender Geologe. Ohne Zweifel sogar ein visionärer Geomorphologe. Und einer der Ersten, der mit überraschend moderner Klarsicht über die Verbindung zwischen Erdbeben und Gebirgsbildung nachdenkt. Er besucht andere Teile der Anden, und in Chile erweisen sich die Umstände als besonders günstig für solche Reflexionen. Am Morgen des 20. Februar 1835 um elf Uhr dreißig erlebt er während zweier langer Minuten das große Erdbeben von Concepción südlich von Santiago. Er stellt sofort fest: »Die bemerkenswerteste Wirkung dieses Erdbebens war die bleibende Hebung der Böden; vielleicht wäre es sehr viel richtiger, diese als den Grund anzusehen.« Im Umkreis der Insel Santa Maria 50 km südlich von Concepción findet nämlich Kapitän Fitz Roy verrottende Muschelbänke, »die noch am Felsen hängen, drei Meter über dem Wasserstand bei Flut«. Darwin verbindet diese Beobachtung sofort damit, dass er an mehreren Stellen der Küste bis in 300 oder 400 m Höhe Muscheln gefunden hat und dass parallel dazu treppenförmige Terrassen existieren. »Es ist kaum möglich zu bezweifeln, dass diese große Hebung das Ergebnis aufeinander folgender kleiner Hebungen wie derjenigen ist, die das Erdbeben dieses Jahres begleitete oder verursachte.« Darwin ist nämlich zutiefst vom Aktualitätsprinzip überzeugt, das sein Mentor und zukünftiger Beschützer, Charles Lyell, begeistert vertritt.

Er setzt diese Überlegungen in noch größerem Maßstab fort, als er einen Monat später auf der Höhe von Santiago die Anden in Richtung Argentinien durchquert. Eine doppelte Kordillere, wie so oft, gekrönt von drei der höchsten Gipfel Südamerikas: dem Aconcagua (6960 m), dem Tupungato (6800 m) und dem Mercedario (6770 m). Ob man dem Tal des Rio Maipu oder einem anderen folgt, der Weg steigt zunächst allmählich an, vom Küstenvorland über mächtige bebaute Flussterrassen, die heute tief von Bächen durchschnitten werden, bis auf 3000 m Höhe. Darwin stellt fest, dass die Hebung dieser alten, jetzt von Gemüsegärten bedeckten Flussbetten eine verblüffende Veränderung gegenüber der ursprünglichen Höhe (der Meereshöhe) bedeutet, und schreibt: »Keine Tatsache der Geologie Südamerikas hat mich mehr interessiert als diese geschichteten Terrassen aus grobem Konglomerat ... ich bin überzeugt, dass sie sich während der allmählichen Hebung der Kordillere angehäuft haben.« Es ist so weit: Darwin »sieht« die Anden langsam aus dem Meer steigen, »als Masse«. Seine Beobachtungen des tiefer liegenden Gesteins während seiner Weiterreise nach Mendoza bestätigen diese Sicht. Die erste Kordillere, die er durchquert, besteht aus Tausenden von Metern hellviolettem Porphyr und unterseeischem Tuff, bedeckt von rotem Sandstein, Konglomeraten und vor allem Gips und Kalkmergel voller Seemuschelfossilien. Die zweite aus großen Massen rosafarbenen Granits mit Einschlüssen von weißem Granit und zu Quarzit umgewandeltem Sandstein. Er stellt fest, dass sie mit Konglomeraten bedeckt ist, die sich um 45° zum Pazifik neigen, in dem aber einige Kiesel aus dem Kalkstein der ersten stammen. Zwei Schlussfolgerungen drängen sich ihm auf. Die erste Kordillere hob sich um mindestens 4200 m aus dem Meer, als es die zweite noch gar nicht gab. Und diese – etwas höhere – kam erst später.

Im Großen und Ganzen hatte Darwin richtig gesehen. In nur zweimonatigen Erkundungen hatte er erstmals einige Meter erdbebenbedingter plötzlicher Hebung mit mehreren Kilometern allmählicher Gebirgshebung verbunden. In seiner jugendlichen Begeisterung behauptet er sogar, dass »nichts, nicht einmal der Wind, instabiler ist als das Niveau der Erdkruste.« Hier geht er etwas weit ... Es fehlt ihm ein wichtiges Puzzleteil, das noch über einhundert Jahre allen Geologen fehlen sollte: eine absolute Zeitskala.

Wer fühlt sich hier nicht wie in Zentralasien ... Die Anden als künstliche vulkanische Gebirge? Deren Fundamente aber um über 4 beziehungsweise 6 km im Verhältnis zum Meeresspiegel gestiegen sind? Durch die Wirkung Tausender großer Erdbeben? Wir befinden uns wieder im Reich der Tektonik. Die Andenkordillere ist nicht einmal so unecht. Sie arbeitet nur im Verborgenen.

## ZUSAMMENSCHLUSS ODER VERLORENER KONTINENT?

Aber was kann die Kruste der Anden heben? Was kann sie verkürzen? Auf der Pazifikseite ist ja kein Kontinent zu sehen. Keine Kollision. Nur eine einfache Subduktionszone.

Ohne Zweifel sind aber viele Andengipfel, darunter einige der höchsten, nicht vulkanisch. Sie liegen östlich von der Nazca-Platte, die sehr schnell – um 9 m pro Jahrhundert – unter Südamerika abtaucht. Zwischen Santiago de Chile und Trujillo in Peru stehen auf einem 3000 km langen Teilstück alle über 6000 m hohen Gipfel. Es sind die höchsten Punkte der Kordilleren, die die beiden Seiten des Gebirgsgebäudes bilden. Sie überragen hier den Pazifik, dort die Pampas und das Amazonasbecken. Neben der Kordillere, die Darwin bei Santiago durchquerte, sind die beiden höchsten die Cordillera Blanca nördlich von Lima mit dem Huascarán (6768 m) und die Cordillera Real bei La Paz, deren Gipfel (Ancohuma 6430 m, Illampú 6362 m) nordöstlich des Titicacasees am Horizont stehen. Und dies ist noch nicht alles: Die Ostseite der Anden ist von zahllosen jungen Gebirgen geprägt. In Argentinien die Sierras Pampeanas, die aus dem Vorlandsockel zwischen Mendoza und Córdoba aufsteigen. In Bolivien am Fuße der Ostkordillere die subandinen Faltengürtel, die in der Selva auslaufen. Betrachtet man diese Konstellation, fühlt man sich in die Mongolei oder an den Fuß des Tian Shan versetzt ...

Doch woher können Kräfte kommen, die stark genug sind, um diese Krustenverkürzung und die Hebung dieser hohen Gebirge zu bewirken, die sich weiter im Innern des südamerikanischen Kontinents, 800 km von der Subduktionszone entfernt, fortlaufend klonen? Eine moderne Vorstellung ist, dass die Nazca-Platte Druck ausübt. Durch ihr zartes Alter (wieder das Eozän!) taucht sie nur ungern ab. Sie ist weder kalt noch dicht genug. Ein Mittelweg zwischen müheloser Subduktion und direkter Kollision. Die Fläche zwischen den beiden Platten ist wenig gleitfähig. Die Geophysiker sprechen von stark gekoppelter Subduktion, bei der die Reibung der unterschiebenden Platte Druck auf die obere Platte ausübt, der diese verkürzt.

Aber ist dies das einzig plausible Szenario? Mit etwas Abstand sieht man, dass die Form, die Geologie und somit die Geschichte der Anden von Norden nach Süden sehr unterschiedlich ist. In Kolumbien und Chile sind sie schmal, in der Mitte dehnen sie sich stark aus. Und erreichen auf der Höhe des Altiplano, das nichts weiter ist als ein kleines Tibet, eine Breite von über 500 km. Mit einer Nahtstelle nördlich des Äquators und einer weiteren in Patagonien, lokale, aber unbezweifelbare Beweise früherer Kollisionen. Es ist klar, dass es nicht nur eine Andenkette gibt, sondern mehrere. Warum sind die subandinen Falten in Bolivien am ausgeprägtesten? Genau dort, wo die Anden ihre größte Breite haben ... Und warum sollte die Bucht von Arica, dieser 60°-Knick der Pazifikküste an der Grenze zwischen Peru und Chile, dem Altiplano gegenüberliegen? Bloßer Zufall? Oder eine Beule, die durch das Auftreffen eines kleinen Kontinents am Rande Südamerikas entstand, der dann mit Mann und Maus verschluckt wurde, mit Nahtstelle und Identitätsbeweisen? Ein Inselkontinent, der früher auf der Nazca-Platte lag ... Für den, der glaubt, dass nur die Kollision Hochgebirge hervorbringt, eine verführerische Hypothese ... jedenfalls ein Geheimnis, das genauer untersucht werden muss.

## ANDOCKEN UND LANGSAMES WACHSTUM

Und die Gebirgsketten an der Westküste Nordamerikas: die Rocky Mountains? Der Mount Logan und der Mount Denali in Alaska, beide über 6000 m hoch, aber keine Vulkane? Es sind echte Gebirge. Aber bis auf diese beiden Spitzen, die höchsten Punkte des Kontinents, und einige Gipfel in Kalifornien an der San-Andreas-Verwerfung sind sie zum Großteil schon etwas älter ... in einem vorgerückten Entwicklungsstadium. Jüngere, völlig andersartige tektonische Bewegungen als die der horizontalen Verschiebung der Pazifischen Platte, welche im Norden unter Alaska abtaucht, bestimmen das Geschehen.

Das Besondere an den Gebirgen im Wilden Westen Nordamerikas ist, dass sie ein Beispiel für eine andere Variante der Gebirgsentstehung darstellen. Es handelt sich um das »Andocken« kleiner Blöcke, so genannter Mikrokontinente, welche vor langer Zeit, noch vor dem Verschwinden der Dinosaurier, mit dem alten Zentrum des nordamerikanischen Kontinents verschmolzen. Erkennbar sind diese von weit her gekommenen »exotischen« Krustenstücke an besonderen geologischen Merkmalen, die ihre Herkunft und Identität verraten. Eine Art Reisepass. Man bezeichnet sie als Terrane, ein ziemlich vager Begriff. Aber zumindest ihre Familiennamen und ihre bisher wenig bekannten Reiseerlebnisse machen neugierig. So findet man zwischen Nevada und Alaska das Stikine-, das Alexander- und das Wrangellia-Terran. Alles Fremde, die aus der Ferne kamen. Bei Alexander ist man der Meinung, seine große Reise könnte in Australien begonnen haben ...

Der Mechanismus des Andockens ist einfach. Er bringt keine großen Veränderungen. Weil die Terrane klein sind, hält ihr Aufprall und Andocken das unter den Rand des Kontinents abtauchende Förderband der Subduktion nicht an. Man stelle sich ein feines Gitter auf einem Kanal vor. Alles, was auf dem Wasser schwimmt, Blätter, Zweige und anderer Abfall, sammelt sich vor diesem Gitter. Die Ansammlung wird immer breiter, solange die Strömung nicht nachlässt. Dies ist der Fall beim orogenen (gebirgsbildenden) Andocken: Alles, was die unterschiebende ozeanische Platte an »Exotischem«, Leichtem mitführt – Bruchstücke von Vulkanbögen, Mikrokontinente, Meeresebenen –, häuft sich auf und wird in den Rand des Kontinents integriert. Dieser Prozess hat seit drei Milliarden Jahren zum kontinuierlichen Wachstum vieler Festlandskerne durch Massenvergrößerung beigetragen.

SALZSEE. Tibet

Ein Gewitter tobt über der weiten Fläche Zentraltibets. Wie Hunderte von anderen im Zentrum der 5000 m hoch gelegenen Ebene ist das Gewässer im Vordergrund, das das ganze Regenwasser sammelt, ein Salzsee.

**Doppelseite 174/175: BUNTER SANDSTEIN. Guide, Qinghai**

Eine fantastische Formation aus farbigem Flusssandstein, der wenig konsolidiert, aber bereits gekippt ist, markiert den Ort, wo der Gelbe Fluss aus dem Guide-Becken abfließt, bevor er in eine tiefe Schlucht um den Laji Shan eindringt.

**KUNLUN-VERWERFUNG**. Qinghai

In nur 2 Minuten entstand bei dem Erdbeben am 14. November 2001 dieser 400 km lange Bruch an der Kunlun-Verwerfung. An dieser Verwerfung und dem Beben zeigt sich der tektonische Mechanismus, der hier heute wirkt: Der höchste Teil Tibets wird nach Osten geschoben.

**ROTER SANDSTEIN**. Qinghai

Dieser gefärbte Sandstein, in den heute senkrecht ein Canyon einschneidet, füllt ein ehemals tieferes Tal. Sedimentablagerungen und Einschneidungen folgen den wechselnden Pegelständen des Gelben Flusses, des wichtigsten Abflusses aus diesem Teil des tibetischen Hochlands.

**HEISSE QUELLEN.** Wen Quan, Tanggula, Tibet

Aus diesem Spalt dringt heißes Wasser. Das darin gelöste Karbonat fällt aus, wodurch es allmählich einen Kamm aus gelbem und weißem Travertin aufbaut. Kamm und Spalt sind das Ergebnis der Ost-West-Ausdehnung, welche die Hochebene »einzureißen« beginnt.

# AUSFÜLLUNG AUS ROTEM SANDSTEIN

QINGHAI, CHINA

Die Gebirgskette des Kunlun Shan markiert die Nordgrenze Tibets, dieser riesigen »Ebene«, in der man kaum jemals unter 4500 m gelangt und über deren erstaunliche Flachheit noch immer viel geschrieben wird. Für einige liegen die Gründe sehr tief: in einer unsichtbaren, aber praktisch flüssigen Unterkruste. Das Dach der Welt würde somit auf einem geologischen »Wasserbett« ruhen. Andere sind der Meinung, man müsse den Grund für die Anomalie in der Nähe der Oberfläche suchen, in einer Tiefe von etwa 5 bis 10 km. Hier, in dem steilen Tal, das von einem Zufluss des Gelben Flusses eingeschnitten wurde, findet man Anzeichen für einen oberflächennahen Mechanismus. In dem Canyon liegen Hunderte von Metern fast horizontal lagernden Sandsteins frei, mit einer gelben Schicht darüber, die ihrerseits mit Weideland bedeckt ist. Es ist das Dach eines Beckens, das sich mit Tausenden von Metern dieser Sedimente füllte, als die alten, von Süden kommenden Flüsse, deren Lauf durch die Hebung der Gebirgskette im Hintergrund versperrt war, nicht mehr genug Kraft hatten, sie zu überwinden. Das Ergebnis: eine Hochebene aus Binnenablagerungen, wie man sie eigentlich an Küstendeltas findet. Das Hochland von Tibet ist also flach, weil es aus dem Flachen heraus entstanden ist; auf Grund dieses Mechanismus der Auffüllung, Verschlammung und Einebnung durch Sedimente, der aus über 50 % seiner Fläche ein Mosaik zahlloser Becken macht.

# WIND-SKULPTUREN

## Qaidam, Qinghai

Dieses Heer aus kleinen, unsymmetrischen Kämmen in engen Reihen – auf Persisch *yardangs* –, die in eine bestimmte Richtung zu marschieren scheinen, gehört zu den seltsamsten und charakteristischsten Landschaften der Qaidamwüste. Durchquert man das riesige Becken in der Nordostecke Tibets auf fast vierhundert Kilometern von Osten nach Westen, bleibt man stets auf der gleichen Höhe, etwas unter 2700 m. Es ist der Grund eines Sees, der heute trocken liegt. Die *yardangs* bestehen aus hell beigefarbenem Seeschlamm voller Gipskristalle. Sie wurden erst »gestern« abgelagert und sind noch weich genug, um von den pausenlos wehenden Nordwestwinden »bearbeitet« zu werden. Winde, die man förmlich wehen sieht: Die gerundeten Köpfe der *yardangs* sehen ihnen entgegen, während an den leicht in Windrichtung geneigten Rillen erkennbar ist, wie die dünnen, schwach gekippten Schichten poliert werden. Im bläulichen Dunst in der Ferne erkennt man eine der Gebirgsketten, die das Becken von allen Seiten umschließen. Ein geschlossenes Becken, das nicht anders kann, als sich mit Wasser, Salzen und anderen Flussablagerungen zu füllen. Wie eine Badewanne. Der Mechanismus, den man hier am Werk sieht, bestimmt die Entstehung von Hochebenen wie in Tibet oder dem Altiplano.

DÜNEN. Bulong Kol. Pamir. Sinkiang

Im Norden des Pamir haben die Flüsse Mühe, einen Weg nach unten zu finden. Diese gigantischen Dünen auf 3900 m Höhe bestehen aus dem Sand, der in einem riesigen See abgelagert wurde, als der Fluss Gez durch die Verwerfung von Bulong Kol, die den Kongur hebt, versperrt war.

**GEFALTETE SEEABLAGERUNGEN.** Tafeng Shan, Qinghai

Am Fuß des Gebirges des »großen Windes« spiegeln die Ellipsen, welche die dünnen Seemergelbänke bilden, die Faltung der sehr jungen Ablagerungen in dem riesigen Qaidambecken wider, das bereits auf 2700 m Höhe liegt.

KARAKUL, Pamir, Sinkiang

Der See am Fuß des Mustagh Ata wird vom Schmelzwasser des Karakulgletschers gespeist.

HUÁNG HÉ, Guide, Gansu

Zwischen den sechs aufsteigenden Gebirgsketten, die er durchqueren muss, um den Nordosten Tibets zu verlassen, schlängelt sich der Gelbe Fluss wie hier bei Guide durch Becken, in denen er im Quartär Tausende von Metern Kies und Sand abgelagert hat.

HUÁNG HÉ, Madoi, Qinghai

Der Gelbe Fluss entspringt in den Sümpfen um die Seen Gyaring und Ngoring. Im Gegensatz zu den meisten Flüssen, deren Oberläufe wilde Gebirgsbäche sind, verläuft der Huáng Hé hier auf 4600 m Höhe in ruhigen Mäandern.

# BINNENENT-WÄSSERUNG

QIANGTANG, TIBET

Mit 5000 m Höhe liegen die Seen der Qiangtang-Platte ungewöhnlich hoch. Das Wasser aus diesem Teil Tibets läuft nicht ab. Überall stagniert es in großen, meist salzigen oder brackischen »Pfützen«, die im Zuge der Klimaerwärmung allmählich austrocknen. So sind die kleinen Inseln, die sich mitten im See erheben, mit reinen Schichten aus Kalkstein und Gips bedeckt, die erst vor einigen Jahrtausenden abgelagert wurden. Wo sie noch unter Wasser liegen, verleihen die weißen Ablagerungen den flachsten Stellen der Seen ihre türkise Färbung. Man glaubt vor einem Salzgarten zu stehen, am Ufer einer tropischen Lagune in der Nähe des Meeres. Aber hier sind keine Palmen, und angesichts der Höhe wäre es wahrscheinlicher, dass die weiße Farbe von Schnee- oder Eisschollen herrühren würde. Es ist eine der verwunderlichsten Landschaften, die es gibt, so ganz anders, als man sich die höchsten Gebirge der Erde vorstellt. Eine der flachsten, mit Höhenunterschieden, die auf fast 500 000 km$^2$ nicht über tausend Meter hinausgehen. Warum? Weil dieses große Binnenentwässerungsgebiet vom Rest der Welt abgeschnitten ist. Das Wasser weiß hier nicht mehr, dass es das Meer gibt. Der Indus und der Jangtse, die ein gutes Stück weit entfernt bleiben, haben ihm davon noch nicht erzählt. Die Folge: Die Erosion ist unterbrochen! Und wird es noch lange bleiben ...

HIRTIN, bei Zhongba, Tibet

Das Hochtal des Yarlung Tsangpo, das im Regenschatten des Himalaja liegt, erhält weniger Niederschläge als das übrige Tibet. Das Weideland ist zwar mager, bietet aber den Ziegen- und Schafherden genügend Nahrung. Die Dünen sind ein Indiz dafür, dass der Flusslauf vorübergehend versperrt war.

**Doppelseite 194/195: ROSA SEE, bei Gerze, Tibet**

Wie die Salare, die »Salzsümpfe« des chilenischen Altiplano, nehmen manche tibetische Seen lachsfarbene Töne an. Der gefaltete Sandstein im Hintergrund ist der älteste von Tibet. Er wurde bereits in den Anfängen der Kollision abgelagert.

**GIPSHALTIGER SANDSTEIN**, Hohxil Shan, Qinghai

Dieses Becken aus rotem, mit Sandrosen gespicktem Sandstein war ein Vorläufer der Qaidamwüste. Vor ungefähr 30 Millionen Jahren lagerten sich hier in großen Binnenseen Gips, Ton und Sand ab, während der nördliche Schutzwall der Hochebene noch weit im Süden lag.

VULKANE, Kunlun Shan, Qinghai

Diese kleinen kegelförmigen Bauwerke sind ganz neue Vulkane. Weniger als 15 000 Jahre alt. Sie bestehen aus Rhyolit, rosafarbener, stark feldspat- und quarzhaltiger Lava, dem Oberflächenäquivalent des Granits, der weiter unten in der Kruste kristallisiert.

# VULKANISMUS

## Hornito, Tibet

Ein schwarzer Kegel, der auf 4800 m Höhe vor der grauen Kalksteinwand des Arkatagh, eines südlichen Ausläufers des Kunlun Shan, auf die Steppe gesetzt ist: Dieser kleine Vulkan ist so jung, dass er das letzte Eiszeitmaximum vor 20 000 Jahren noch nicht erlebt hat. Die wenigen nordtibetischen Vulkane sind alle nicht alt und widerlegen die meisten Theorien zur Erklärung des platteninternen Vulkanismus; sie sind südlich der Gebirgsketten am Rand der Ebene aufgereiht, in der Nähe der Verwerfungen des Kunlun und des Altyn Tagh. Ihre Lava enthält vor allem Andesit und Ignimbrit wie in Japan oder Indonesien. Obwohl sie nahe an den beiden großen Verwerfungen liegen, haben diese Vulkane keinen Zusammenhang mit der Oberflächengeologie: Ihre Magmaströme sind ein Potpourri und enthalten alles mögliche Gestein, vom tertiären roten Sandstein bis zum paläozoischen Schiefer. Dieser seltsame Vulkanismus mitten auf dem Kontinent lässt sich nur durch eine verborgene Subduktion in der Tiefe erklären. Die Situation ist ähnlich wie auf Sumatra: Andesitvulkane entlang einer großen Verwerfung auf der Innenseite eines Hügels aus verdickter Kruste, der aus aufgetürmtem Plattenmaterial und Falten besteht – ein so genannter Akkretionskeil – und von der Lithosphäre unterschoben wird. Hier jedoch ist es nicht die eines Ozeans, sondern die Lithosphäre der alten Tarim- und Qaidamsockel, die still und langsam abtaucht.

**Doppelseite 200/201: HALBESEL. Qinghai**

Halbesel oder Kyangs leben in Herden von bis zu dreißig Tieren. Oberhalb des Widerrists sind sie dem Esel ähnlich, ansonsten dem Pferd, vor allem in Leistung und Schnelligkeit; sie bilden die größte Gruppe wild lebender großer Säugetiere in der Hochebene.

NATURPARADIES. Arkatagh. Qinghai

Auf 4800 m Höhe illustriert der Jingyu-See die Unberührtheit der Landschaften im Norden der Hochebene: bisher nur bevölkert von wilden Yaks, Halbeseln und Antilopen, Steinböcken, Bären, Lämmer- und Gänsegeiern, Hasen, Wachteln, Picas, Lerchen und ...

VIEHWIRTSCHAFT. Anyemaqin. Qinghai

Die Yaks werden von einem Golok-Hirten zum Melken zusammengetrieben. Am Ende des Sommers wird der Großteil der Milch zu Joghurt verarbeitet: dem besten der Welt.

Doppelseite 204/205: KARAWANE bei Nagchu. Tibet

Auf Grund der großen Höhe des zentalen Hochlandes können nur Yaks, hier mit Wolle beladen, schwere Lasten transportieren.

WEIDELAND. Maqen. Qingheit

Ende August sind die Weiden südlich des Kunlun Shan mit riesigen Enzianen und Edelweißen bedeckt.

LAGER. Nam Co. Tibet

Die Zelte sind wegen der nächtlichen Gewitter und Sturmböen fest verankert. Die Lastenbündel liegen am Boden, die Yaks sind zum Weiden aufgebrochen.

GLETSCHERSEE. Karakul. Pamir. Sinkiang

Yaks auf einer Halbinsel im Karakul, dem größten Gebirgssee im Pamir, auf 3915 m Höhe gelegen.

BINNENSEE. bei Nagarze. Tibet

Ziegen am Ufer des Yamdrok-Sees. Er ist Nistplatz für unzählige Zugvögel und gilt aufgrund seines Fischreichtums auch als »Fischspeicher« Tibets.

# PARALLELE VERSCHIEBUNG

## Ailao Shan, Yunnan, China

Eine Vielzahl von Terrassen steigt vom Tal des Roten Flusses die Hänge des Ailao Shan hinauf. Die niedrigen Stufen, seit Jahrhunderten in den Fels gehauen und instand gehalten, folgen fast genau den Höhenlinien. Der grüne Reis in diesen mit Wasser gefüllten Feldern wächst dicht. Die Stufen enden erst da, wo die senkrechten Gneisplatten, die den Grat des »kleinen« Gebirges bilden, jede Terrassierung unmöglich machen. Der Ailao Shan ist ganz anders gebaut als andere Gebirgsketten. Er ist nicht aus einer Auftürmung von Krustenstücken entstanden. Sein höchster Punkt liegt nicht sehr hoch. Etwas über 3000 m, kaum 1000 m über der Hochebene von Yunnan, die er in zwei Hälften teilt. Seine Breite ist beinahe unbedeutend. Kaum über 20 km, im Vergleich zu den 250 km der Alpen und des Himalaja. Ohne Zweifel, er ist keine »echte« Gebirgskette. Und doch war er der Schauplatz einer Bewegung, die im Verhältnis zu diesen Größenverhältnissen erstaunlich wirkt. Einer Verschiebung, die nicht quer zu ihm verlief, sondern parallel. An diesem kleinen Kamm und seinen Ausläufern im Norden und Süden entlang wurde Indochina von Indien um 800 km nach Südosten gedrängt. Dieser schmale metamorphe Gürtel von über 1500 km Länge entspringt in Südtibet und schiebt sich unter das Delta des Roten Flusses und schließlich unter das Südchinesische Meer.

KUM TAGH. Sinkiang

Gefalteter roter Sandstein mit Gipsknollen.

Doppelseite 216/217: REISTERRASSEN. Ailao Shan. Yunnan

Diese einzigartige Terrassentreppe, die die Nordflanke des Ailao Shan bei Yuanyang bedeckt, ist bis auf 1800 m Höhe mit Wasser gefüllt.

SENKRECHTER GNEIS. Ailao Shan. Yunnan

Dieses alte Sedimentgestein, das in über 15 km Tiefe durch die Gleitbewegung zwischen Indochina und China gewalzt wurde, wandelte sich vor 20 bis 30 Millionen Jahren zu Gneis; es markiert über Hunderte von Kilometern die größte Abscherungszone Asiens außerhalb des Himalaja.

ROTES BECKEN. Lufeng. Yunnan

Der rote und weiße Sandstein hinter dem Dorf gleicht aufs Haar dem von Takena bei Lhasa. Wie dieser stammt er aus der unteren Kreidezeit und ist stark gefaltet.

PLATEAU VON YUNNAN. China

Hier herrscht auf fast 2000 m Höhe ein angenehmes, fast mediterranes Klima. Nach asiatischem Maßstab bescheiden, geht diese Höhe dennoch auf die ersten kollisionsbedingten Faltungen im Eozän zurück. Heute ist das Gebiet erodiert und somit niedriger als früher.

FISCHER. Inle-See, Birma

Der Westen Birmas, eine geologische Verlängerung von Yunnan, ist eine Gebirgsregion, das Shan-Plateau. Wie weiter östlich außerhalb der Einzugsgebiete der großen Flüsse bleiben in der Höhe isolierte Wasserbecken wie der Inle-See zurück.

SILUSTANI. Altiplano. Peru

Zwischen den Landschaften des Altiplano und Tibets bestehen große Ähnlichkeiten: Sandstein, Seen, Steppe und Sümpfe.

Seite 223: TITICACASEE. Altiplano. Bolivien

Der Titicacasee ist der größte Hochgebirgssee der Erde (8340 $km^2$ auf 3812 m). Auch er ist durch fehlenden Ablauf entstanden: Im Westen und im Osten versperren die Kordilleren den Weg, weiter südlich wird die fehlende Entwässerung durch den Pooposee und die Salare von Coipasa und Uyuni verdeutlicht.

**Doppelseite 224/225: BALKON AUF DEM ALTIPLANO**

Noch steht dieses verfallene Haus stabil über dem Steilhang, der auf der Amazonasseite der Anden die Grenze des bolivianischen Altiplano markiert.

**Doppelseite 226/227: CHIMBORAZO, Ecuador**

Der Chimborazo, ein altes, erloschenes Vulkangebäude, ist der höchste Gipfel der ecuadorianischen Anden. Die Neigung der Andesitschichten, die seine Flanken umhüllen, ist nicht das Ergebnis einer Faltung, sondern spiegelt den Fluss der Lava auf den steilen Hängen wider.

# EROSION

## Altiplano, Bolivien

Die weiten, im Abendlicht golden schimmernden Flächen hinter dem schneeverzierten Vorsprung sind außerordentlich flach. Und alle ungefähr auf gleicher Höhe, rund 3800 m. Einige bereits im Schatten liegende Canyons schneiden sich hinein. Es sind die Hochtäler der Gebirgsflüsse, die sich weiter unten zum längsten der Amazonaszuflüsse vereinen, dem Rio Beni, der an der Grenze zwischen Bolivien und Brasilien zum Rio Madeira wird. Die Steilhänge an den Rändern dieser Schluchten und die Talkessel, in denen sie enden, weichen allmählich zurück. Dabei hinterlassen sie ein Trümmerchaos, wie man es im Hintergrund erkennen kann. Wir blicken hier auf den Ostrand des Altiplano bei La Paz. Zwar ist diese Hochebene dreimal schmäler und tausend Meter niedriger als Tibet, hat sich aber zweifellos auf ähnliche Weise gebildet, nämlich durch die Ausfüllung von Becken, die von den Kordilleren umringt waren. Zeuge dafür ist die schöne, plane Gleichförmigkeit der Oberfläche, die von ihrem sedimentären Ursprung herrührt. Doch ihre Unversehrtheit ist schon bedroht. Die Zuflüsse des Rio Beni, die durch die Breschen zwischen dem Illimani und den anderen Bergen der Cordillera Real eingedrungen sind, sind Vorboten der rückschreitenden Erosion, die die zweitgrößte Hochebene der Erde letztendlich zerstören wird.

COTOPAXI. Ecuador

Mit seinem eisbedeckten Gipfel und seiner bis an den Gipfelkrater auf 5897 m Höhe perfekten Kegelform, die Alexander von Humboldt so sehr bewunderte, ist der höchste aktive Vulkan Ecuadors unbestreitbar einer der schönsten der Welt.

Doppelseite 230/231: CHIMBORAZO. Ecuador

Ein später Sonnenstrahl erleuchtet vor den heranziehenden Wolken, die den Gipfel des alten Vulkans allmählich verschleiern, die hoch gelegenen Páramoflächen, eine tropische Vegetationsform.

TUNGURAHUA. Ecuador

Dieser aktive Vulkan (5016 m), der auf der Amazonasseite der Kordillere dem Chimborazo gegenüberliegt, ist hoch genug, dass sich am Kraterrand eine Gletscherkappe gebildet hat.

FELDARBEIT. Ecuador

Die aus den Anden stammende Kartoffel, von der es Hunderte von Varianten gibt, ist noch immer die Königin der Feldfrüchte in den Bergregionen. Man findet wilde Sorten bis in 5000 m Höhe!

Doppelseite 234/235: ANDENHOCHLAND. Ecuador

Die reichlichen Niederschläge, die Äquatorsonne und die reichen vulkanischen Böden machen den Anbau von Kartoffeln, Quinoa und Gerste bis in große Höhen der Provinz Chimborazo möglich.

ILLINIZA. Ecuador

Aus dem morgendlichen Wolkenmeer taucht der zerklüftete Gipfel des Illiniza auf. Wie der Chimborazo gehört er zur westlichen Kordillere, der »Allee der Vulkane«, und ist 5263 m hoch.

# IGNIMBRIT

## Saraguro, Ecuador

Das Vulkangestein kann warme Färbungen annehmen, vor allem wenn es durch die hydrothermale Zirkulation verändert wurde. In den Äquator-Anden beherrschen die Vulkane und ihre Ablagerungen, die fast das ganze Relief bedecken, die Landschaft vollständig. Wie hier die weißen, orangefarbenen, rosafarbenen oder roten Gesteine und die breiten Bänder in den Tälern im Hintergrund. Subduktionsvulkane sind mächtig und gefährlich. Ihre siliziumreiche, »saure« Lava ist schwerflüssig und wird schnell fest, anders als Basalt. Sie ist zu zäh, um weit zu strömen, und erbaut normalerweise nur einen Lavadom im Gipfelkrater, eine Art Stöpsel, der langsam anschwillt und von dessen steilen Flanken immer wieder kleine Lawinen aus glühendem Schutt herabgleiten. Wie vom Gipfel des Merapi auf Java. Bis der Lavadom durch den Druckzuwachs in dem Schlot, den er verstopft, explodiert. Glühend heiße Wolken, Emulsionen aus Lava und Gas, schießen dann mit 200 km/h die Hänge herab. Sie können auf Dutzenden von Kilometern im Umkreis die Hügel bedecken und die Täler auffüllen. Dann verfestigen sie sich zu Ignimbrit – »Feuerregen« –, einem Gestein, an dessen geflammter Struktur sich die Heftigkeit seines Entstehungsprozesses zeigt. Der roséfarbene Tuff in den unechten Gebirgen der Subduktionszonen ist häufig Ignimbrit.

ANDENGESTEIN

Geflammter Ignimbrit, Bolivien (o. l.)
Verwitterungsauge im Tuff, Ecuador (o. r.)
»Erdbebenfeste« Anordnung von Granitblöcken, Sacsahuamán, Peru (u. l.)
Kupfersalzreicher Aschentuff, Ecuador (u. r.)

IGNIMBRIT. Bolivien

Ignimbrit entsteht durch die rasche Abkühlung einer Emulsion aus siliziumreichen Lavatropfen, die bei hoher Temperatur verschmolzen wurden. Es ist ein sehr hartes Gestein, das Steilwände ausbildet, die oft zu natürlichen Prismen ausgeformt sind.

# BASALT

## Simiengebirge, Äthiopien

Vom Gipfel des Steilhangs von Lima Limo aus blickt man über die ungeheure Auftürmung von Basaltströmen, die die Kuppel des Simiengebirges bildet, das Dach von Afrika; sein höchster Punkt liegt bei über 4600 m Höhe. Die äthiopische Hochebene ist eines der typischsten »künstlichen« Gebirge, die es gibt. Die scheinbar endlosen senkrechten Steilwände, unüberwindliche Hänge, Schwindel erregende Höhen und spitze Zinnen muten fast wie ein Labyrinth an. Dieses Gebirgsmassiv am Äquator, das von zwei Regenzeiten reichlich bewässert wird, speist einen der beiden Nilzuflüsse, den Blauen Nil, dessen Hochwasser so stark ist, dass es durch 2500 km Wüste bis nach Unterägypten gelangt. Eine alljährliche, sehr willkommene, über Jahrtausende verehrte, da unerklärliche Flut, die heute von großen Staudämmen in Schach gehalten wird. An den Rändern der Hochebene sind die Reliefs am beeindruckendsten. Im Osten entlang der großen Verwerfungen, die das Zentrum der Kuppel einstürzen ließen und die Afar-Senke und die Schlucht des Roten Meeres schufen. Im Westen am Rand der verzweigten Einschnitte, die der Nil und seine größten Zuflüsse graben. In Lima Limo werden durch die Erosion Treppen – *trapps* – aus Lavaströmen herauspräpariert, die sich in Rekordzeit ergossen: Tausende von Metern in einer Million Jahre. Eine gewaltige Basalteruption, bei der 3000 km tiefer ein Strahl heißen Mantelmaterials aus dem Grenzbereich zwischen Erdkern und -mantel auf der Lithosphäre auftraf.

BASALTNADEL. Äthiopien

Die Gleichförmigkeit der äthiopischen Basaltaufschichtung wird hier und da von senkrechten Pfeilern unterbrochen, die durch die Erosion herausgehoben wurden. Diese *necks* aus erkalteter Lava entsprechen den gewaltigen Vulkanschloten, aus denen die Ströme flossen.

GELADA. Lima Limo. Äthiopien

Mit ihrem dichten Fell widerstehen die Gelada-Paviane der großen Kälte, die selbst bei nur 13° nördlicher Breite auf der Höhe von über 3000 m manchmal vorherrscht. Einer ihrer bevorzugten Aufenthaltsorte ist der oberste Teil des Simienplateaus.

Doppelseite 246/247: INTRUSIVGESTEIN bei Kassala. Sudan

Diese wundervollen Granitsäulen und -kuppeln, die heute durch die Erosion freigelegt sind, befinden sich in der Nähe der Stelle, wo das vulkanische Hochland über dem äthiopischen *hot spot* den Grabenbruch des Roten Meeres erreicht.

SIMIENPLATEAU. Äthiopien

Wie auf vielen Hochebenen der Welt ist das Pferd hier bis heute das Haupttransportmittel.

Doppelseite 250/251: PLATEAUBASALT. Äthiopien

Eine der wenigen bebaubaren Terrassen im Simiengebirge. Die Steilheit der Hänge verhindert an den meisten Stellen deren Nutzung als Anbauflächen.

RIESENSCHLOT. Simiengebirge. Äthiopien

Anhand des Durchmessers dieses riesigen, von der Erosion bereits entzweigeschnittenen Basaltturms kann man sich die gewaltige Menge und das enorme Volumen an flüssigem Basalt vorstellen, der auf dem Höhepunkt des Ausbruchs nach oben schoss.

# Vom Vergehen der Gebirge

# VOM VERGEHEN DER GEBIRGE

Alle Gebirge sterben früher oder später. Die einzigen Zeugnisse, die am Ende von ihrer stolzen Silhouette bleiben, sind die gefalteten und zusammengepressten metamorphen Gesteine, die man unter den Oberflächen der Rumpfebenen findet. Dieses Gestein wurde von den Geologen seit langem meisterhaft beschrieben und bestätigte die Vorstellung, es habe Umwälzungen und früher viel höhere Berge gegeben. Allerdings verstand man die Prozesse nicht genau, wodurch es bis zum 20. Jahrhundert zu endlosen Kontroversen unter den Fachleuten kam ...

Eine besonders hartnäckige Vorstellung: »große« bedeutende Paläotektonik, also die Tektonik, die in den weiter zurückliegenden Epochen wirksam war, und »kleine«, jüngere, so genannte Neotektonik. Diese Lehre wurde lange vertreten und musste noch weit nach den neuen, revolutionären Erkenntnissen der Plattentektonik bekämpft werden. Etwa bei den chinesischen Kollegen, in deren Unterbewusstsein Konfuzius und das »Primat« der Alten noch sehr verwurzelt sind. Ein erstaunliches Paradox, dass in dem Land, das die meisten aktiven Verwerfungen und die Mehrzahl der jungen Gebirge besitzt, ein Großteil der Geologen vorzugsweise das tiefste und älteste Gestein untersucht ... das »edelste« in Anbetracht der Verehrung, die man den Ahnen angedeihen lässt. Mit Ausnahme einer kleinen Gruppe, die Mao Zedong 1966 nach einigen Erdbeben von der Stärke 7–7,5 damit beauftragte, Beben vorherzusagen. Heute wissen wir, dass die alte Tektonik nicht stärker war als die neue, welche den großen Vorteil bietet, dass man sie direkt beobachten kann und nicht aus verfestigten Strukturen in den Gräbern der Rumpfflächen erschließen muss.

Wie vergehen also Gebirge? Es gibt zwei mögliche Arten, an denen sich die Energie der beiden das Relief zerstörenden Kräfte zeigt. Die der Schwerkraft und – daraus abgeleitet – der Erosion. Innerer Zusammenbruch oder äußerer Verfall.

## UNAUFHALTSAMER VERFALL

Wenn ein Gebirge zu hoch wird, kann es theoretisch ein Stadium erreichen, in dem es unter seinem eigenen Gewicht »zusammenbricht«. Wie bei dem Radfahrer, der den Pass überquert und bergab zu fahren beginnt, wird dann die potentielle Schwerkraftenergie zu Bewegungsenergie. Sie lässt die Gipfel einstürzen und die tiefsten Stellen wieder hochsteigen. Allerdings muss das Gebirge, anders als der Eisberg, der steif und aufrecht im Wasser stehen bleibt, dabei seine Festigkeit verlieren. Dies ist möglich, wenn die verdickte Kruste sich erwärmt und somit erweicht. Das »Skelett« des Gebirges ist dann nicht mehr fest genug, um dieses zu tragen. Als unerbittliche Regelkraft nützt die Schwerkraft die Schwäche sofort aus. Das Ganze sackt zusammen und gleitet auseinander. Die Gipfel zerfallen und werden flach. Ungefähr wie bei einem großen Eisberg, der beim Zerfall eine Herde kleiner Eisstückchen freisetzt. Ursache hierfür sind so genannte »Abschiebungen« an der Oberfläche. Und das »Kriechen« der leicht verformbar gewordenen unteren Kruste, die dünner wird, wenn sie von den schweren Gipfeln und den im Vergleich dazu relativ leichten untersten Partien, die von der archimedischen Kraft nach oben getrieben werden, in die Zange genommen wird.

*Abschiebungen bewegen sich in umgekehrter Richtung wie Überschiebungen und führen somit zu einer horizontalen Ausdehnung, einer Gegenbewegung zu der Verkürzung, die die Gebirgsbildung bewirkt. Zwar findet man sie auch in Hochebenen und auf den Gipfeln mancher Gebirge, meistens aber an Einsturzgräben, Grabenbrüchen oder Spalten in der Lithosphäre, die natürlich vor allem dort vorkommen, wo die Platten sich trennen.*

Diese Art von Untergang durch Zusammenstürzen wird oft »orogener Kollaps« genannt (von griechisch *oros*: Gebirge). Im Zuge einer Welle der Begeisterung nach der Entdeckung von Abschiebungen in über 4000 m Höhe – vor allem nördlich des Himalaja und in den Zentralanden – meinten viele Wissenschaftler, dies sei ein verbreiteter Mechanismus und das Schicksal aller Gebirge. Einige gingen sogar so weit, dass sie Gebirgsketten von kaum 1500 m Durchschnittshöhe wie den Apennin in Italien einstürzen sahen!

Dies ist jedoch ein eher seltenes Phänomen, das vor allem sehr große Hochebenen zu betreffen scheint. Die Oberflächen des Hochlands von Tibet und des Altiplano der Anden beispielsweise werden von einer Vielzahl junger, aktiver Abschiebungen durchschnitten. Beide gleiten also auseinander, aber im Moment ist diese Bewegung noch gering. Nicht einmal 2 Prozent Extension von Ost nach West auf der Höhe Südtibets, wo diese Form der Tektonik sich erst seit höchstens 4 Millionen Jahren verbreitet zu haben scheint. Sieben oder acht kleine Halbgräben – meist nur mit einer Abschiebung auf einer Seite –, deren bemerkenswerteste Wirkung es ist, dass sie die Durchquerung des Himalaja erleichtern. Unter anderem durch die Thakkola-Passage im Königreich Mustang. Kaum 50 km Gesamtlänge, ungefähr im rechten Winkel zur Bewegung Indiens. Natürlich ist es eine verrückte Vorstellung, dass das Dach der Welt einstürzt, nachdem es die erlaubte Höhengrenze überschritten hat. Aber noch kann man dort keine Höhenabnahme oder Krustenverdünnung messen.

Anders ist es bei dem Basin-and-Range-Gebiet, einer geologischen Region, die sich vom südlichen Oregon bis in den Norden Mexikos, vom Colorado-Plateau bis zur Sierra Nevada erstreckt und die Rocky Mountains einschließt; man kann sie als eine ältere Version von Tibet verstehen. Auf etwa 800 km Breite zeigt sich in dieser Region, wie schon ihr Name sagt, ein regelmäßiger Wechsel zwischen langen Becken und parallelen Bergketten, ungefähr mit Nord-Süd-Orientierung und 20 bis 30 km Breite: Einsturzbecken, die von aktiven Abschiebungen begrenzt sind und zwischen den Bergketten 2000 m tief reichen. Weit gespannte Flächenausbreitung also, überdies hier und da Vulkanismus als Beweis für Wärme, außerdem eine Krustendicke, die sich heute fast normalisiert hat. Kurz gesagt, fast alle Attribute einer Ebene, die ursprünglich halb so breit, aber doppelt so hoch und so dick war und in einigen Dutzenden Jahrmillionen zusammengesunken ist. Es ist also gut möglich, dass dies die Prozesse des langsamen Zerfalls der Hochebenen sind. Diese sehr großen Orogene, die der Erosion effektiv Widerstand leisten, neigen nämlich zur Erwärmung.

*Das Gestein der kontinentalen Kruste ist besonders reich an Mineralien mit radioaktiven Elementen (Uran, Thorium, Kalium und anderen). Da natürliche Radioaktivität eine der wichtigsten Wärmequellen ist, sind die Kontinente also gute Wärmeerzeuger. Weil diese Wärme proportional zum Volumen (also zum Kubikwert der Länge) und jeder Wärmeverlust proportional zur Austauschfläche nach außen ist (also zum Quadratwert der Länge), erzeugt eine große Fläche verdickter kontinentaler Kruste einen Wärmeüberschuss, der sich nicht entsprechend verteilen kann. Tibet erwärmt sich mit Sicherheit: Es wimmelt dort von Geysiren und heißen Quellen. Also erweicht es und hat sicherlich bereits etwas von seiner Festigkeit verloren.*

## ABTRAGUNG UND VORBESTIMMTES ENDE

Das gewöhnlichere Ende der Gebirge ist viel weniger umstritten. Sie fallen einfach der Erosion zum Opfer, und je höher sie sind und je schneller sie ansteigen, umso stärker werden sie von jener Erosion angegriffen, die die Oberfläche abträgt.

Auf den Gipfeln der Berge ist es zuerst das Eis, das mit der Wirksamkeit eines riesigen Schleifpapiers selbst Granit abhobelt und enorme Gesteinsmassen effektiv transportiert. Man denke an die blanken Kuppeln des Mustagh oder des Kongur. Und an die 1000 m hohen Steilwände, die von den herabstürzenden Gletscherflüssen durchschnitten werden. An die schmalen Kämme und die spitzen Zinnen, die es nur noch auf den höchsten Gipfeln des Karakorum gibt, denn nur sie ragten aus den riesigen Gletscherkappen des letzten Eiszeitmaximums vor nur 20 000 Jahren hervor. An die breiten Trogtäler von Hunza oder Shyok, die damals im Besitz von 1000 bis 2000 m dicken Flüssen aus blauem Eis waren, sich nach dem raschen Abschmelzen der Gletscher mit Hunderten von Metern grauer Ablagerungen füllten und schließlich von den heutigen Flüssen wieder zerklüftet wurden. An den Gesteinsschutt mit zum Teil riesigen Blöcken, der an der Oberfläche der Gletscher transportiert oder in die Seiten- und Endmoränen geschleppt wurde, der sich schließlich in chaotischen oder in einzelnen, instabilen Haufen ablagerte. Selbst in den Gebirgen Europas, die doch mit Wäldern und Wiesen bedeckt sind, ist die zerstörerische Gewalt des Eises, das hier gestern alle Gipfel bedeckte, noch erkennbar. Erst 15 000 Jahre liegt es zurück. Hauptzeugen sind die großen Seen, die sich am Nord- und Südfuß der Alpen aneinanderreihen. Noch heute aufgestaut von den hohen Endmoränengürteln jener Zeit, wie sie südlich des Gardasees oder am Ausgang des Aostatals 200 bis 300 m über der Poebene aufragen. Und natürlich die schottischen Lochs und die skandinavischen Fjorde.

Unterhalb der Gletscher durchschneiden das Wasser und der mitgeführte Schutt von Neuem die Berge, und die Flüsse laden das in Kies und dann in Sand und Ton zerkleinerte Gestein ins Meer ab. Um den Nanga Parbat, den Drehpunkt der westlichen Himalaja-Syntax, schneidet sich beispielsweise der Indus, dessen von Wasserfällen unterbrochener Lauf hier noch nicht sehr gleichmäßig ist, auf jeder Seite der Nahtstelle um über 1 cm pro Jahr in den Granatperidodit des asiatischen Mantels und den Gneis des indischen Sockels. Also über 10 000 m pro Jahrmillion! Der Brahmaputra, an dem man ähnliche Wasserfälle gefunden hat – vor über fünfzig Jahren von dem Entdecker und Pflanzenkundler Frank Kingdon-Ward entdeckt und dann wieder in Vergessenheit geraten –, schneidet sich mit der gleichen Kraft in die Gesteinsmassen des Namche Barwa, des Drehpunkts der entgegengesetzten Syntax im Osten. Die höchste Gebirgskette der Erde hebt sich nämlich sogar an ihren beiden Enden, den einzigen Orten, wo die beiden größten Himalajaflüsse eine Chance haben, sie zu durchqueren, mit einer geologisch gesehen rasanten Geschwindigkeit von fast 1 cm pro Jahr.

Die Erosion greift die Hochgebirge umso stärker an, je mehr Niederschläge sie erhalten. Der Monsun beispielsweise macht die Gebirge Asiens zum meistbewässerten Wasserschloss der Erde. Über 11 000 mm Niederschlag in der Provinz Assam im Jahresdurchschnitt. Der Karakorum speist die längsten Gebirgsgletscher, und in Tibet gibt es noch die größten Gletscherkappen. Mehr als 15 große Flüsse entspringen dort. Der Indus, der Ganges und der Brahmaputra in der Nähe des Kailash. Der Mekong, der Saluen, der Irawadi, der Rote Fluss – Hóng Hé in China und Sông Hông in Vietnam – und der Jangtsekiang, die den Osten und Südosten des Plateaus entwässern. Der Huáng Hé, der Gelbe Fluss, lädt ebenso viel Sediment (1200 Millionen Tonnen jährlich) ins Gelbe Meer ab wie der Amazonas in den Atlantik. An der Nordwestseite verschwinden drei große Flüsse in ihren Ablagerungen: Der Amu Darja und der Syr Darja speisen noch den kleinen Aralsee, der wegen zu starker Nutzung der Flüsse zur Bewässerung austrocknet. Die in den südsibirischen Bergen entspringenden Flüsse Ob, Jenissej, Lena und Amur schließlich legen 4000 km bis zum Arktischen Eismeer oder zum Pazifik zurück.

Überall ist auch der Wind am Abschleifen und Abtragen beteiligt. Im Umkreis der Gebirge, die aus der Kollision von Indien und Asien entstanden, hat er beispielsweise die mächtigsten Ablagerungen aus gelbem Löss auf der ganzen Welt angehäuft. Bis zu 700 m Dicke im Tal des Wei He, der Wiege des Reichs der Mitte. Der Umfang dieser Windablagerungen ist ein weiteres Maß dafür, wie stark die höchsten Erhebungen der Erde von der Erosion angegriffen werden.

Große Klimaerwärmungen schließlich können ganze Hänge destabilisieren, was zu gigantischen Erdrutschen oder Felsstürzen führt – etwa denen, die nach dem letzten Eiszeitmaximum in den Alpen oder dem Himalaja die große Eisschmelze begleiteten, oder jenen, der neueren Erderwärmung geschuldet, wie am Eiger im Berner Oberland.

Sobald die Kräfte nachlassen, welche die Blöcke und Kontinente gegeneinander schieben, und sobald die Konvergenz, der Motor der Hebung, langsamer wird oder stoppt, gewinnt die Erosion die Oberhand. Indem sie das Gestein an der Oberfläche abträgt und wegtransportiert, lässt sie das Gestein aus der Tiefe ansteigen, wie es die Isostasie beschreibt: weniger Höhe, weniger Tiefe. Nach und nach flacht die Erhebung ab, und die Bergkegel werden eingeebnet. Die kontinentale Kruste hat am Ende wieder ihre ursprüngliche Dicke.

Aber wie lange dauert der Vorgang? 30 Millionen Jahre dürften genügen, um jede Spur von den vom Eis glitzernden Gipfeln zu tilgen. Aber es scheint sehr viel länger zu dauern, bis die ganze Erhebung verschwindet. Der Ural beispielsweise, der schon vor 300 Millionen Jahren bei einer Kollision entstand, trennt mit seinen nur 1000 m Höhe noch immer Sibirien von Russland. Und keines der variskischen Gebirge – das sind diejenigen, die während der variskischen Gebirgsbildung vor 400–280 Millionen Jahren durch die Kollision von Südwest-Europa mit Nordamerika-Grönland entstanden sind und zu denen auch die deutschen Mittelgebirge zählen – hat sich bisher bis auf Meereshöhe abschleifen lassen. Zwar haben viele von ihnen – das Zentralmassiv, die Vogesen, der Schwarzwald, das Erzgebirge oder das rheinische Schiefergebirge – bei der Entstehung der Alpen eine kleine Verjüngungskur erlebt. Aber die Erosion verliert auch an Kraft, je geringer die Erhebung wird. Das Verschwinden der Gletscher vermindert den Angriff auf die Gipfel beträchtlich. Ein ruhiger Wasserlauf hat nicht die mechanische Wirksamkeit von Wasserfällen oder alpinen Sturzbächen. Und niedrige Gebirge erhalten weniger Regen als hohe.

## AUCH STEIN HAT SEINE ZEIT

Für das Hochgebirge, das kalt und robust genug bleibt, um nicht zusammenzustürzen, scheint es unmöglich, dem unerbittlichen Diktat all der Oberflächenkräfte zu entgehen, welche die Berge von außen blank fegen. Und doch gibt es Gebirge, die sich dieser Abtragung widersetzen. Und zwar solche, denen es gelingt, wirksame Verteidigungsanlagen gegen die Wassererosion zu errichten. Im Allgemeinen handelt es sich dabei um die größten Gebirgslandschaften, die ihre Fläche fortlaufend erweitern. Seltsame Gegenden, die eher Hochebenen als Gebirgen gleichen. Und deren Oberfläche das Begriffsvermögen herausfordert, denn was hoch ist, kann theoretisch nicht flach bleiben. An ihnen offenbart sich eine echte Überlebensstrategie.

Hochebenen sind eigentlich zusammengefügte Senken. Ihre jüngeren Randmauern, die sich als einzige heben, hindern das Wasser und das mitgeführte Sediment am Abfließen. Zum Teil sind die orogenen Hochebenen also aus dem Schutt ihrer eigenen Gipfel erbaut, und zwar durch einen inneren Nivellierungsmechanismus.

An keinem Beispiel zeigt sich dieser Mechanismus deutlicher als am Hochland von Tibet. Es ist sozusagen von seinen eigenen Erosionsprodukten aufgebläht. Anders als die meisten Gebirgsregionen der Welt behält es sie eifersüchtig bei sich. Zur Überprüfung braucht man nur von der Mitte des Plateaus dem Lauf des Wassers zu folgen. Meist führt er nicht zum Meer wie fast überall sonst, sondern zu großen Seen. Im Nordosten Tibets endet der Lauf der meisten heutigen Flüsse außer dem Gelben Fluss und einigen seiner Zubringer in hoch gelegenen Becken, die sich mit Schwemm-, See- und Gipssedimenten füllen. Das größte von ihnen, das Qaidambecken, ist eine riesige Salzwüste, fast durchwegs auf einer Höhe von fast 3000 m. Der Grund eines alten Sees, der sich durch die Launen des Klimas immer wieder füllte und austrocknete. 12 000 m Sedimente, zwei Drittel davon erst sechs Millionen Jahre alt, haben sich hier angesammelt, seit der Abfluss durch die Hebung der Berge am Nordufer versperrt wurde. Die Höhe der Ablagerungen stieg wie in einem versandenden Stausee oder besser wie in einem Becken mit verstopftem Abflussrohr. Nur durch Auftürmung von Sedimenten wurde diese riesige, von Bergen eingeschlossene Schüssel von 150 000 km$^2$ Größe rasch zu einer flachen Hochebene, einem »Baby-Tibet«, das sich mit dem großen Tibet vereinigen wird, sobald es die gleiche Höhe erreicht. Nur noch 2000 m, dann wird das Hochland um die Hälfte der Fläche Deutschlands gewachsen sein.

In der Qaidamwüste, deren endlose weiße Fläche von winzigen pfeilförmigen Gipskristallen funkelt, modelliert der konstante Nordwestwind heute die weichen Sedimente zu Gebilden aus schmalen, parallelen Türmen, die aus der Entfernung zwischen den Luftspiegelungen, die an die Stelle des Wassers getreten sind, wie Geisterstädte aussehen. Auf dem sehr hoch gelegenen Plateau südlich des Kunlun haben sich Seeablagerungen der gleichen Art in ähnlichen, aber älteren Becken angesammelt. Und über eine viel längere Zeit: mindestens 20 Millionen Jahre. Sedimente, deren Farbe allmählich ins Rosa, dann ins Rot übergegangen ist; man findet dort heute anstelle der unzähligen kleinen »Pfeilspitzen« wunderbare so genannte Sandrosen. So scheint seit dem Beginn der Kollision die Fläche des höchsten Plateaus schrittweise angewachsen zu sein, von Süden nach Norden. Die Gegenwart ist der Schlüssel zur Vergangenheit.

Das Land der weißen, türkisblauen oder rosafarbenen Salzseen, das Dach der Welt, das beinahe unberührte Reich der Halbesel und Yaks, leistet der Erosion Widerstand. Darin liegt der Grund für seine Höhe und Flachheit. Trotzdem wird auch dieses Gebiet den Kampf verlieren. An seiner ältesten Flanke, in einer Bresche auf der Seite der Provinzen Sichuan und Yunnan, stehen drei große Flüsse bereit, um ihn zu gewinnen. In drei langen, parallelen Schluchten stürzen sie durch die enge Passage von Sanjiang (chinesisch »drei Flüsse«) und machen sich auf den Weg, um in der Höhe neue Einzugsbecken zu erobern: Sie haben der Erosion die Mauern der tibetanischen Festung geöffnet! Unaufhörlich rücken die Quellen des Jangtse, des Mekong, des Saluen und ihrer oberen Zuflüsse weiter flussaufwärts vor und gewinnen bald ein neues Labyrinth von Sümpfen, bald ein vorher geschlossenes Entwässerungsgebiet. Zusammen umfassen die hydrografischen Netze der drei Eindringlinge erst ein Viertel Tibets. Drei Millionen Quadratkilometer müssen noch erobert und unterworfen werden. Aber wenn nichts sie am Vordringen hindert, werden sie möglicherweise das Plateau zerstückeln, und zwar von Südosten aus. Dort, wo es nicht wachsam genug war, denn der Großteil seiner Verteidigungslinien liegt im Norden. In strategischer Hinsicht ist dies eine große Gefahr. Vergessen wir nicht, dass Tibet vorrangig vom Einsturz bedroht ist. Selbst die mächtigsten und raffiniertesten Gebirge vergehen.

# EROSION

## Karakul, Pamir, Sinkiang

Nirgends ist die Wirkung der Erosion gewaltiger als oberhalb von 5000 m. Hauptakteur ist das Eis, das glättet und schmirgelt, wobei es den mitgeführten Gesteinsschutt als Schleifmittel benützt. Auf diesem Bild sieht man zwei der zwanzig Eisflüsse, die bereits den jungen Marco Polo bei seiner ersten Reise an den Hof des Kubilai Khan in Erstaunen versetzten. Sie haben Schwindel erregende Täler in die Westflanke des Mustagh Ata eingeschnitten, die von über 1000 m hohen Steilwänden begrenzt werden. Paradoxerweise erkennt man hier deutlicher, wie die Reliefzerstörung in Gang kommt, weil das Klima Zentralasiens trocken und die Vereisung weniger stark ist. Das Abfließen der Gletscherkappe hat sich kanalisiert. Die Oberfläche der großen Falte ist von eisgefüllten Tälern durchbrochen, die noch voneinander getrennt sind und weiter unten von Talkesseln aus dunklen Gesteinsstufen begrenzt werden. In nur einer Million Jahre werden, wenn das Klima sich nicht zu stark erwärmt, diese Talkessel und Erosionstäler verschmelzen. Die vollendete Form der Kuppel des Mustagh Ata wird verschwinden und die wunderschöne Falte des jungen Gebirges einem zerklüfteten Kamm weichen, wie sie in den gewöhnlicheren Hochgebirgen zu finden sind.

**NUNATAKS.** Kongur Shan, Sinkiang

Die fünf aneinander grenzenden Gletscher haben den Gebirgssattel zwischen den großen Falten des Kongur Shan und des Mustagh Ata fast zerstört. Die spitzen Kämme – eine Art Nunataks – zwischen ihren parallelen Tälern sind alles, was von der Südflanke des Kongur Shan noch übrig ist.

# EISZUNGE

## KOKOXILI, TIBET

Der Weixueh Shan, ein fast unbekanntes Gebirge, liegt tief im unberührtesten Teil Tibets. Es ist eine so hohe und verlassene Gegend, dass nicht einmal Hirten darin herumziehen. Die Sommerblizzards können in einer Nacht die kleinen Gruppen von Goldsuchern auslöschen, die sich hierher vorwagen. Junge Bauern, die von den Händlern im Tiefland angeheuert werden und mit Kolonnen aus dreirädrigen Traktoren, den unvermeidlichen *dongfeng* des ländlichen China, aus Sinkiang heraufkommen. Die Nordflanke des Gebirges, die oberhalb der Grenze des ewigen Schnees liegt, ist in verkleinertem Maßstab ein perfektes Beispiel für die Glazialerosion. Oben das Kar, das den Gipfel aufgebrochen hat, wo sich der Schnee sammelt, der den Gletscher speist. Unten der Eisstrom, der dort aufbricht, wo er sich über die Reste der steileren Gebirgsflanke bis hin zu den Endmoränen ergießt. Die Seitenmoränen, graue Kämme, die durch den Rückzug des Gletschers bloßgelegt wurden, bestehen aus Blöcken, die aus den Wänden herausgerissen und dann wie von einem Förderband mitgeführt wurden. Weiter unten bildet das Gesteinsmehl vom Grund des Gletschers, das vom Schmelzwasser ausgewaschen und dann abgelagert wurde, ein Feld aus Barchanen, Sicheldünen. In Zentraltibet gehen die meisten Gletscher diesen langsamen Gang: Die Ebene ist bereits so hoch, dass sie kaum mehr als 1000 m Höhenunterschied zu überwinden haben. So ist keine Eile vonnöten.

GLAZIALEROSION. Mustagh Ata. Sinkiang

Oben auf der Bergkuppe erodiert die Gletscherkappe den Gipfel, wodurch seine Form noch glatter wird.

GLETSCHEREINSCHNITT. Mustagh Ata. Sinkiang

In der Sonne schimmert die sanfte Oberfläche der verbliebenen Gletscherkappe. Sie liegt an der Westflanke des Mustagh Ata, wo Gletscher sich in die Wände eingeschnitten haben.

**EISKRONE.** Cotopaxi. Ecuador

Der Cotopaxi ist der höchste aktive Vulkan der Erde. Über 4000 m Höhe ziert ihn ein Gletscher, der sich nach unten hin in viele einzelne Gletscherzungen aufgliedert.

**GLETSCHERRELIEFS.** Karakorum. Pakistan

Im Karakorum und im Himalaja gibt es bis heute die längsten Hochgebirgsgletscher. Hier schnitten sich diese Eisflüsse massiv in das Gestein ein, wodurch erstaunliche, senkrecht aufragende Reliefs entstanden wie dieses, das zwischen den Pappeln von Baltit und dem Gipfel des Ultar Peak aufragt.

**FÖRDERBAND.** Durung Drung, Ladakh

Vom Pass von Pensi La aus kann man beobachten, wie der Gletscher Gesteinsblöcke und -schutt an beiden Seiten des Tals entlangschiebt. Dieses Material, das vom Eis aus den steilen Felswänden gerissen wird oder von oben herabstürzt, bildet die Seitenmoränen.

**Doppelseite 270/271:** LAWINENKORRIDORE. Karakorum. Pakistan

Diese schmalen, firnweißen Korridore folgen den Rinnen, die von früheren überhängenden Gletschern eingeschnitten wurden.

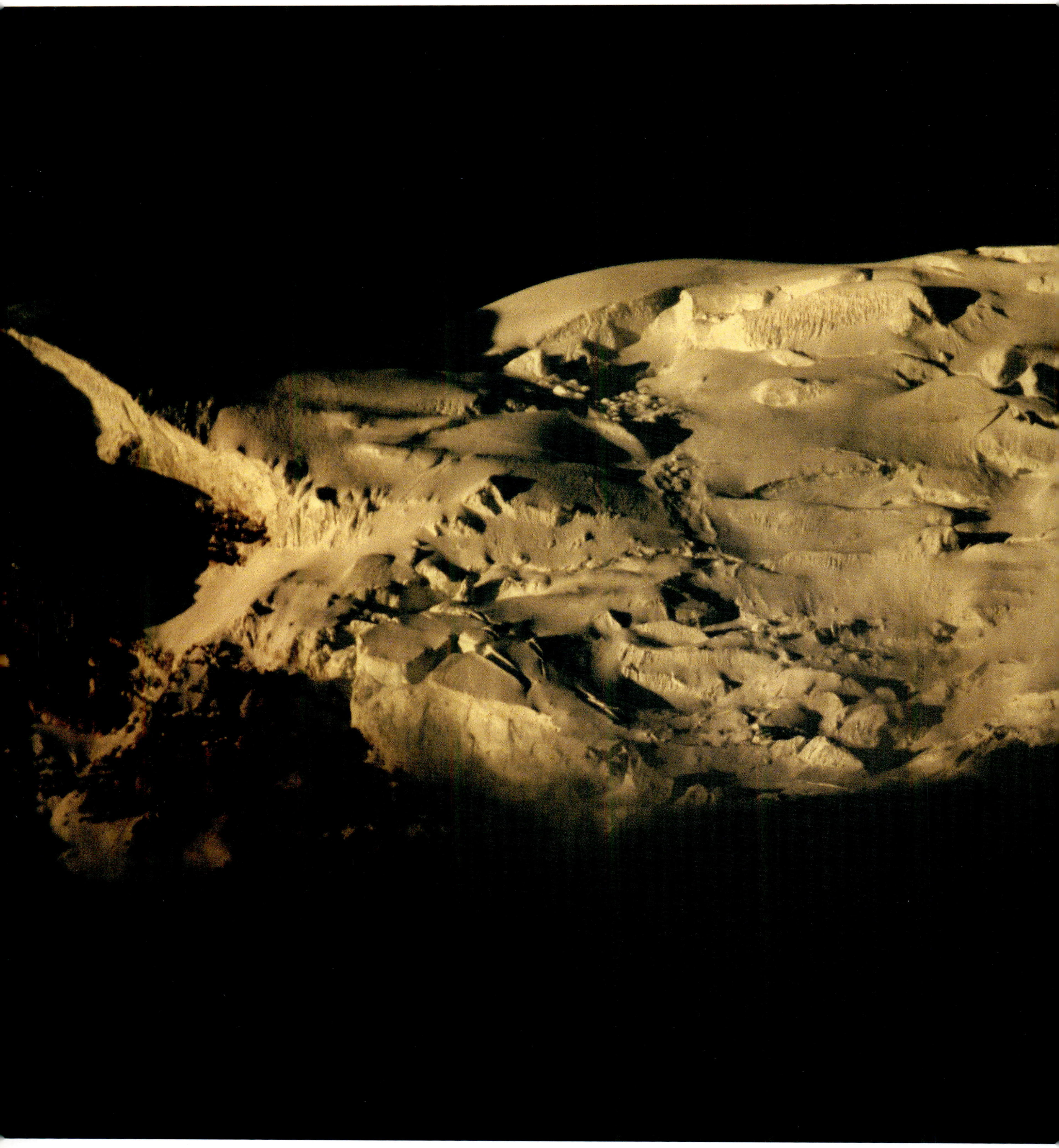

# GLETSCHER-KAPPE

## Chimborazo, Anden

Selbst unter der Äquatorsonne kann sich Eis zu dicken Kappen anhäufen. Wie auf dem Gipfel des Chimborazo, eines mächtigen, heute inaktiven Vulkanbaus, der mit einem Grad südlicher Breite und 6310 m Höhe der höchste Punkt der berühmten »Allee der Vulkane« ist. Solche Gletscherkappen auf so niedrigen Breitengraden werden durch die außerordentlich reichlichen Niederschläge möglich. Aber nur oberhalb von 5500 m. Ecuadors höchste Vulkane liegen an einem Andenabschnitt, wo sie zugleich die höchsten Erhebungen bilden und von der Seite der Selva wie auch auf der Pazifikseite von feuchter Luft umgeben sind. Vor dem Hintergrund üppiger tropischer Landschaften sind sie schneebedeckt. Ein augenfälliger Kontrast, der sie zu einem der schönsten Gebirge der Erde macht. Die Eishauben, die auf aktiven Kratern oder schmalen Gipfeln aus rotem Porphyr ruhen, deren Relief früher von Eruptionen erschüttert wurde, haben unregelmäßige und instabile Formen. Wenn das Klima sich erwärmt, verschwinden sie als erste. Der berühmte Schneegipfel des Kilimandscharo beispielsweise taut sehr schnell. Er hat vielleicht nur noch zehn Jahre zu leben. In den Gletscherkappen braucht man nicht durch Bohrungen nach sehr alten Klimahinweisen zu suchen. Sie sind kurzlebig, schmelzen rasch und werden eben so rasch wieder gebildet. Die heutige Kappe des Chimborazo ist sehr jung: nur 10 000 Jahre.

GLETSCHERZUNGE. Karakorum. Pakistan

In der Nähe des Endpunktes transportieren manche Gletscher an ihrer Oberfläche so viel Gesteinsschutt, dass das Eis nur noch aus den Spalten hervorblitzt.

Doppelseite 276/277: ZERKLÜFTETE SEDIMENTE. Gez-Tal. Pamir. Sinkiang

Trotz ihres geringen Alters sind die weichen Ablagerungen dieser Hochterrassen, die aus Kies und umgelagerten Löss bestehen, bereits vom Regenwasser stark zerklüftet, woran sich die zerstörerische Wirkung des Niederschlagswassers auf wenig gefestigtes Gestein zeigt.

FINDLINGE. Karimabad. Pakistan

Zwischen riesigen Findlingen, die auf dem Rücken des einstigen Hunzagletschers von weither transportiert wurden, findet man aus Geröll und Schotter erbaute Häuser und Terrassen.

# ABSCHIEBUNG

## Gulu-Korridor, Tibet

Die Yak-Karawane macht sich zum morgendlichen Aufbruch bereit. Sie folgt einem breiten Nord-Süd-Tal, durch das heute die jüngste und höchstgelegene Eisenbahnstrecke führt. Der Korridor von Gulu-Yanbaijing, ein leichter Weg zwischen Lhasa und der Hochebene, durchschneidet die südtibetischen Berge, danach die Tsangpo-Nahtstelle und reicht bis nach Bhutan. Es ist ein Graben ... ein Einbruchgraben, das Ergebnis eines Vorgangs, den man so nahe an der größten Kollisionszone der Welt nicht erwartet hätte. Es ist einer von insgesamt sieben quer zum Himalaja verlaufenden Grabenbrüchen, an denen sich zeigt, dass sich die Hochebene heute in Ost-West-Richtung vergrößert, statt sich wie erwartet unter dem Druck Indiens zu verkleinern. Dieser Vorgang und die Gräben können als der Anfang vom Einsturz des Hochlands von Tibet gedeutet werden, das sich erwärmt, zusammensackt und dabei ausdehnt. Tibet, dieses Ungetüm der Gebirgsbildung, ist zu dick und zu weich geworden. Die Schwerkraft lässt seine dicke Kruste dünner werden und, unter Mitwirkung der Isostasie, seine Höhe abnehmen. Dies ist eine der Arten, wie die Gebirge vergehen. Die Abschiebungen am Rande des Gulu-Korridors sind sehr aktiv. Man sieht sie hier am Fuß der schneebedeckten Steilseiten laufen, wo sie vielfältige dunkle Hänge bilden. Einige davon sind 1951 bei zwei großen Erdbeben noch um ein paar Meter gewachsen.

MORÄNEN. Chomolari. Himalaja
Die Moränen zeigen, wo einst der Gletscher endete, der sich heute um mehrere Kilometer ins Chomolhari-Massiv zurückgezogen hat. Die Steilheit der Gebirgsflanke geht auf eine aktive Abschiebung zurück, die das Gebiet im Vordergrund einstürzen lässt und zwischen Bhutan und Tibet einen Korridor schafft.

TOD EINES HOHEN GIPFELS. Pamir, Sinkiang

Die nebelverhangene Bergspitze aus metamorphem Gestein geht kaum über 5000 m hinaus. Die von Eisflüssen umringte Insel ist der ganze Überrest eines 7000 m hohen Berges. Und auch sie wird nicht mehr lange bestehen, es sei denn, dass die Gletscher durch den Treibhauseffekt hier ebenso verschwinden.

ABRASIONSTERRASSE. Zanskar, Himalaja

Am anderen Ufer sieht man eine deutliche Trennlinie zwischen der Basis des Gerölls und den geneigten Felsplatten, welche der Grund eines alten Flussbetts sind. Das von der Strömung mitgerissene Geröll ist das Werkzeug, mit dem der Fluss das Gestein abschleift.

Doppelseite 284/285: FLUSSLABYRINTH. Ladakh, Himalaja

Unterhalb des Eises übernehmen die vom Schmelzwasser angeschwollenen graugrünen Flüsse den Abtransport des Gesteinsschutts. Der Lauf der Rinnen des verwilderten Flusses und die Mäander können sich von einem Tag oder gar von einer Stunde auf die andere verändern.

# TIGERSPRUNG

## YUNNAN, CHINA

Der Goldsandfluss, besser bekannt unter dem Namen Blauer Fluss oder Jangtse, ist der längste Fluss Chinas (6380 km). Kein Wunder bei dem komplizierten Weg, den er im Norden der Provinz Yunnan zurücklegt, um aus Tibet herauszukommen. Ein echter Hindernislauf! In seiner Bemühung, einen Weg durch das Labyrinth von Verwerfungen und quer stehenden Bergen zu finden, wechselt er dreimal die Richtung. Zwei haarnadelförmige Mäander, dann ein dritter, breiterer, der ihn wieder 1000 km nach Nordosten führt, durch ganz Sichuan. Während es auf direktem Weg zum Golf von Tonking weitaus näher zum Meer gewesen wäre! Die gewaltigste der Barrieren, die er überwinden muss, ist der Yulong Xue Shan, der »Jadedrachen-Schneeberg«, eine gigantische Falte, die mit ihren 5596 m über der Hochebene von Lijiang aufragt. Bei der ersten Schleife umgeht der Jangtse sie in nördlicher Richtung, an der Ostflanke des Gebirges entlang, aber bei der zweiten durchquert er sie zur Gänze. In einer Schlucht, deren Anblick atemraubend ist. Einer der tiefsten und engsten Schluchten, die es gibt, 4000 m in metamorphen Schiefer und Marmor eingeschnitten. Ganz unten, am Fuß der senkrechten Seitenwände des jüngsten Einschnitts, bildet das Wasser ein so schmales Band, dass, wie man sagt, ein Tiger von einem Ufer zum anderen springen kann. Wie lange mag der stärkste Fluss Chinas gebraucht haben, um diesen hohen Berg zu durchschneiden ... Noch weiß es niemand. Aber es ist ein wunderbares Beispiel für die gewaltige Kraft der Flusserosion.

KLIMATREIBEN. Skardu. Pakistan

Bevor der Indus sich auf seinen stürmischen Weg durch den Himalaja macht, breitet er sich bei Skardu in einer Ebene zwischen den Bergen aus. Sehr feine, flache grau-beigefarbene Ablagerungen bedecken die großen, vom Fluss herbeitransportierten Blöcke.

WASSERKRAFT. Indus. Pakistan

In der Haarnadelkurve, die der Indus um den Nanga Parbat beschreibt, gräbt er eine Schlucht mit fast senkrechten Wänden. Seine Erosionsrate erreicht den Rekordwert von einem Meter pro Jahrhundert! So war die mit Pappeln bepflanzte Terrasse, die fast 100 m über dem Wasser liegt, vor erst 10 000 Jahren das Flussbett ...

Doppelseite 290/291: TISSISSAT. Tanasee. Äthiopien

Der Blaue Nil ergießt sich gleich nach seinem Entspringen, beim Verlassen des Tanasees in der äthiopischen Hochebene, in gewaltigen Wasserfällen.

WASSERFÄLLE. Blauer Nil. Äthiopien

Alle großen Wasserfälle erodieren die Felsen und Kanten, über die sie strömen, schnell. Mit einer Geschwindigkeit, die einige Meter pro Jahrhundert überschreiten kann.

STROMSCHNELLEN. Blauer Nil. Äthiopien

Die Erosionskraft eines Flusses nimmt mit stärkerer Strömung und schmalerem Flussbett zu. Hier greift der Blaue Nil mit seiner ganzen Kraft den Basalt an.

# FLUSS-GESCHICHTE

## Gonghe, Qinghai

Um seinen Geburtsort, das Hochland von Tibet, zu verlassen, schlängelt sich der Gelbe Fluss hierhin und dorthin. Und vollbringt dabei erstaunliche akrobatische Leistungen. Hier in dem 600 m tiefen Canyon, den er in das Gonghe-Becken gegraben hat, offenbart er eine wechselvolle Flussgeschichte. Zeugen dafür sind die Oberfläche des Beckens auf 3100 m Höhe: streng horizontal, da sie aus abgelagertem Flussschlamm besteht ... die vielfachen horizontalen Sand- und Kiesniveaus, die man an allen Flanken des Canyons verfolgen kann: Terrassen, die vor allem in ältere Konglomerate aus dem Quartär eingeschnitten wurden ... und der vertikale Einschnitt in die Flussbarre im Hintergrund, der bis zum heutigen Wasserstand reicht. Wie viele ineinander verschachtelte Zyklen aus Einschnitten und Ablagerungen! 80 km flussabwärts, beim Austritt aus dem Becken, kämpft der Huáng Hé seit mindestens 150000 Jahren unaufhörlich darum, seinen Lauf durch eine Granitplatte beizubehalten, die sich wie ein Schleusentor hebt. Je nachdem, wie viel Kraft ihm das flussaufwärts gesammelte Wasser durch die Launen des Klimas verlieh, durchschnitt er den Granit oder konnte nur das Tal überschwemmen und seine Last darin abladen. Heute ist die Engstelle einem künstlichen Staudamm gewichen. Das Aus für die jahrtausendealten Zyklen. Versunken der bewaldete Talgrund, wo Nikolai Przewalski 1880 auf dem Rückweg von seiner dritten Reise nach Lhasa nach Fasanen jagte.

FELSENWALD. Shilin. Yunnan. China

Die mächtigen Kalksteintafeln Südostasiens, die von den tropischen Regenfällen schnell gelöst werden, lassen erstaunliche Landschaften entstehen. Neben den bekannten nebelverhangenen steilen Bergen führt die Karstlösung wie hier östlich von Kunming zu wahren Labyrinthen aus unzähligen dünnen Spitzen.

SEDIMENTRUINEN. Lamayuru. Ladakh

Diese zerklüftete, von kleinen Dolinen durchsetzte geologische Formation ist der Grund des alten Lamayuru-Sees. Die Dolinen, Lösungstrichter, haben sich seit dem Austrocknen des Sees in den Kalk- und Gipssedimenten gebildet. Seit der Ablagerung bis zur Entstehung dieser Landschaft sind nur 35 000 Jahre vergangen.

# EINSTIGE GLETSCHERSTÄTTEN

## Karche Gompa, Ladakh

Hoch über der Padum-Ebene, wo der Zanskar-Fluss den Hochhimalaja erreicht, bietet Karche Gompa eine der weitesten Aussichten von ganz Ladakh. Der Ort ist aus dem Zusammenfluss zweier riesiger, heute verschwundener Gletscher hervorgegangen. Der größere kam aus dem Tal, das ganz hinten rechts beginnt, und entstand weit im Westen an einer Gletscherkappe auf über 6000 m Höhe, in der Nähe des Nun und des Kun ... Alle Formen der Landschaft erinnern noch an die Formung durch das Eis. Der breite, flache Talboden, durch den sich der Fluss schlängelt und in dem beim Rückzug des Gletschers ein See lag, ist heute in kleinen, aneinander liegenden Landstücken bebaut. Die Hochterrasse am Fuß des Abhangs gegenüber dem Kloster, die einen der letzten besonders hohen Pegelstände des Eises markiert, wird von den Gebirgsbächen durchschnitten. Schließlich die Kämme der Seitenmoränen, die direkt am Fuß des Gompa abgelagert wurden. Eine Reihe von weißen Stupas, die teilweise aus den vom Gletscher hierher beförderten Blöcken erbaut sind, zieren die Kämme der höheren Moränen. Die beiden Kämme, die sich weiter unten an der rechten Talseite entlangschlängeln, sind später entstanden. Diese kleinen Moränen markieren die jeweiligen Rückzugsstadien der Eiszunge. Als mächtige Bildhauer der Landschaft tragen die Gletscher nach und nach die Gebirge mit ab.

QUELLE DES EISES. Karakorum, Pakistan

Die größten Gletschertäler befinden sich immer flussabwärts der höchsten Gipfel, hier des Masherbrum.

**VERSCHWUNDENE EISHORIZONTE**. Hunza, Pakistan

Im Hunzatal folgt die Obergrenze der Anbauterrassen der Hangverflachung an der ehemaligen Eisgrenze des früheren Gletschers. Nachfolgend wurde sie mit Hunderten von Metern Sediment verfüllt, die heute wieder vom Fluss eingeschnitten werden.

HERBST. Hushe, Pakistan

In diesem Teil des Karakorum erlaubt das Klima den Anbau von Pfirsich- und Aprikosenbäumen.

FLUSSTERRASSEN. Pasu, Pakistan

Das pakistanische Hochgebirge ist so trocken, dass nur in den alten Flussbetten Feldbau möglich ist. Der Großteil des sesshaften Lebens spielt sich entlang dieser schmalen Bänder ab.

MONOLITH. Industal, Pakistan

Dieser riesige, von der Mittagssonne erhitzte Gneisblock, der vom Indus glatt geschliffen wurde, wird je nach Jahreszeit zum Trocknen von Aprikosen oder Mais verwendet.

EISSCHMELZE. Zanskar

Das klare, blaue Wasser des Hauptflusses vermischt sich nicht sofort mit dem des einmündenden Gletscherbachs, dessen graugrüne Farbe vom mitgeführten Sediment herrührt, der so genannten Gletschermilch.

GLETSCHERBARRIERE. Khappalu, Pakistan

Der Shyok, der wahrscheinlich durch den aus dem Hushetal herabkommenden Gletscherschutt noch verlangsamt wird, teilt sich zwischen Machelu und Khappalu in mehrere Arme auf, die sich über eine breite Kiesablagerung schlängeln.

**Doppelseite 308/309: KARCHE GOMPA. Ladakh**
Die Mönche von Karche Gompa, des größten Klosters im Zanskartal, versammeln sich zum Morgengebet.

**FLUSSEINSCHNITT.** Zanskar

Bevor der Zanskar gen Norden in den Indus mündet, muss er sich wie die meisten Himalajaflüsse mühsam seinen Weg bahnen. Der steile Hang unter der Terrasse am rechten Ufer ist das Zeichen für eine hohe Akkumulations- und Erosionsrate.

**GOMPA.** Ladakh

Das Kloster, das sich an die farbigen Sedimentschichten der Bergflanken schmiegt, thront über dem Dorf, das auf gleiche Höhe mit den Anbaugebieten im Zanskartal liegt.

**Doppelseite 312/113: SIMIENGEBIRGE, Äthiopien**

Isolierte Spitzen auf den lang gezogenen Felsrücken sind hier der Überrest der Basaltauftürmung des Simiengebirges, die stellenweise von den Nilzuflüssen zergliedert wird.

Am Anfang ist die Erde, die die Berge erschafft und formt.

# DANK

Kevin Klings tief empfundene Dankbarkeit geht an Paul Tapponnier, der seit über drei Jahrzehnten seine Leidenschaft für die Berge mit ihr teilt und ihr hilft, die Erschaffung der Landschaften durch unseren großen Planeten Erde zu verstehen. Paul Tapponniers Bewunderung und warme Dankbarkeit geht an Kevin Kling, deren Blick für die Schönheit und deren Sensibilität die mineralische Welt nicht nur umfasst, sondern darüber hinausgeht. Paul Tapponnier möchte auch seinen Eltern Ehre erweisen, die seine kindliche Neugier für die Natur und die Wunder seiner heimatlichen Alpen nährten.

Wir beide danken allen Personen und Institutionen auf verschiedenen Kontinenten, die uns dabei halfen, die in diesem Buch abgebildeten und beschriebenen Gipfel, Ebenen und Täler zu besuchen, zu erforschen und zu dokumentieren.

In China (vor allem Tibet – Xizang –, Qinghai, Gansu, Sinkiang und Yunnan): Wir möchten all denen danken, die während der letzten 25 Jahre die französisch-chinesischen geologischen Expeditionen unterstützten und leiteten: dem Ministerium für Land und Ressourcen, der Chinese Academy of Geological Sciences, der Academia Sinica, der China Earthquake Administration, der National Science Foundation of China, Beijing; den Professoren Li Ting Dong, Sun Honglie, Sun Shu, Xiao Xu Chang, Xu Zhiqin, Cheng Du, Liu Xiao Han, Zhong Dalai, Yang Jing Sui, Li Hai Bing, Wang Gong Que, Guo Shunmin, Chen Zhitai, Xu Xiwei; den Doktoren Liu Qing, Zhao Xiaochen, He Shun Dong; Abdul Kerim, Marat, Benju, Dorje, Arkin, Ali-Mu und Yuan.
In der Mongolei: der Akademie der Wissenschaften und dem Umweltministerium, Seiner Exzellenz dem Botschafter der Mongolei in Frankreich, Khasbazar Bekhbat, und Seiner Exzellenz dem Botschafter der Mongolei in China, Dagva Tsakhilgaan; außerdem Enkhtsetseg Dashdavaa, Altantuya, Baisan, Khanat, Mapuda, Manai, Daguai und Gulmaira, Khamzaa und Arashkan, Kava und Mels und Ochirbal.
In Indien (vor allem Ladakh and Zanskar): Prem, Sonam, Raftang, Lama Sonam von Karsha Gompa, Vince und Glen.
In Nepal: Tashi Sherpa.
In Pakistan: dem Center of Excellency in Geology der Universität von Peshawar; den Professoren Khan Tahirkheli, Qasim Jan, Asif Khan; Sheru und Baig.
In Südamerika: Marcela Garcia, Martha und Michel Rowland, Señor Leiva, Mariano Proano, Pablo Burano, Carlos und Julio Arguedas von »BOLIVIA MANTA«.
In Afrika (vor allem Äthiopien und Republik von Dschibuti): Anis Abdallah, Tesfaye Kidani, Gesaheyn Yirgu, Asni, Abdul Salaam, C. Hodenu, G. Ferrie, Haile und Zattchew.
In Europa und den USA: dem Institut National des Sciences de l'Univers, dem Centre National de la Recherche Scientifique und dem Institut de Physique du Globe in Paris; dem Lawrence Livermore National Laboratory, der University of California in Los Angeles and dem California Institute of Technology; den Professoren Claude Allegre, Guy Aubert, Maurice Mattauer, François Proust, Jacques Mercier, Vincent Courtillot, Philippe Vidal, John Ludden, Urs Schärer, Rolando Armijo, Yves Gaudemer, Bertrand Meyer, Gilles Peltzer, Jean Philippe Avouac, Gérard Wittlinger, Geoffrey King, Rick Ryerson, Mark Harrison. Paul Tapponnier dankt auch weiteren engen Kollegen und Studenten, die an der Erforschung der Gebirge beteiligt waren: Philippe Matte, Robin Lacassin, Nicolas Arnaud, Maurice Brunel, Jacques Malavieille, Chen Yan, Pascal Cogné, Stuart Gilder, Françoise Roger, Hervé Leloup, Isabelle Manighetti, Jerome Vanderwoerd, Anne Sophie Mériaux, Cécile Lasserre, Laurent Bollinger. Kevin Kling dankt Jean-François Ritz und Antoine Schlupp.
UNESCO: Doudou Diene, Eduardo Barrios, Isabelle Moreno, Gail Larminaux, Margaret Benesty (Expedition »Route de la Soie«).
Laboratoire Photographique PICTO: Eddie Gassmann, Jean-François Blanchet und Martine Fran.
*GEO Deutschland:* Rolf Winter.
*GEO Frankreich:* Andreas Catomas.
*Focus Magazin:* Peter Ebel.
*Figaro Magazin:* Pascal Bessaoud.
Royal Geographical Society, London.
Society of Women Geographers, USA.
Musée National des Arts Asiatiques – Guimet, Paris: Jean-François Jarrige.
Musée de l'Elysée de Photographie, Lausanne: Daniel Girardin.
FNAC Service: Laurent und Marie Rabé, Claude Rabé.
Béatrice Allavène, Evelyne Second.

Zum Schluss danken wir all denen, die an der Herstellung dieses Buches bei Editions de la Martinière beteiligt waren: Hervé de La Martinière, Brigitte Govignon, Carole Daprey, Philippe Marchand, Florent Roger, Marianne Lassandro, Agnès Poirson und Brigitte Françoise.

Die Deutsche Bibliothek verzeichnet diese Publikation in Der Deutschen Nationalbibliografie; detaillierte bibliografische Daten sind im Internet unter http://dnb.ddb.de abrufbar.


Titel der französischen Originalausgabe: »Montagnes«


www.frederking-thaler.de



Mit einem Vorwort von Reinhold Messner

Übersetzung aus dem Französischen: Marianne Glaßer, Röslau

Fachlektorat: Prof. Dr. Rüdiger Glaser, Freiburg
Lektorat, Herstellung und Satz: Büro Sieveking, München
Umschlaggestaltung: Ina Biber, München/Dorkenwald Grafik-Design & Artwork, P. Dorkenwald, München
Druck und Bindung: Mame, Evreux

Printed in France

ISBN-10: 3-89405-674-6
ISBN-13: 978-3-89405-674-2